I0023717

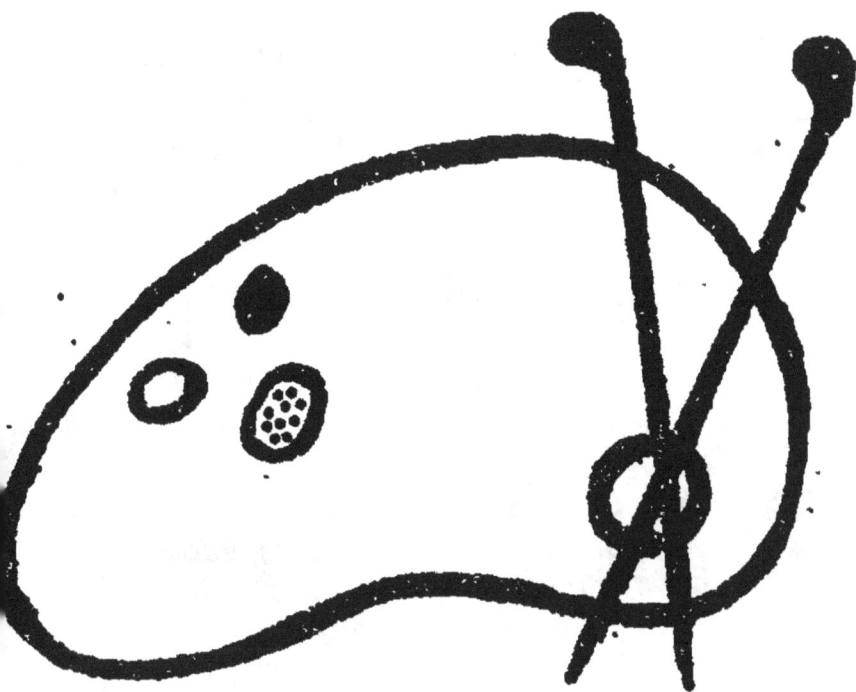

Original en couleur

NF Z 43-120-8

ERNEST BOSC

La Psychologie

DEVANT

LA SCIENCE ET LES SAVANTS

Od

7317

Et fluide odique, Aura
Polarité humaine, Fluide astral
Magnétisme, Hypnotisme, Suggestion
L'Hypnose, Catalepsie, Léthargie, Somnambulisme
Clairevue, Clairaudience, Télépathie, Médium,
Extériorisation, Possession, Obsession
La Force psychique, Spiritisme
Les trois âmes de l'homme
Magie et Goétie
Occultisme

PARIS

CHAMUEL, ÉDITEUR

20, RUE DE TRÉVISE, 20

1894

CHAMUEL ÉDITEUR
29, RUE DE TRÉVISE, PARIS

TOURS. — IMP. E. SOUDÉE.

LA PSYCHOLOGIE

DEVANT LA SCIENCE ET LES SAVANTS

Tous les exemplaires non revêtus de la griffe de l'auteur
seront réputés contrefaits et poursuivis comme tels, conformément à la loi.

ERNEST BOSC

La Psychologie

DEVANT

LA SCIENCE ET LES SAVANTS

Od

Et fluide odique, Aura
Polarité humaine, Fluide astral
Magnétisme, Hypnotisme, Suggestion
L'Hypnose : Catalepsie, Léthargie, Somnambulisme
Clairevue, Clairaudience, Télépathie, Médium,
Extériorisation, Possessions, Obsessions
La Force psychique, Spiritisme
Les trois âmes de l'homme
Magie et Goëtie
Occultisme

PARIS

CHAMUEL, ÉDITEUR

29, RUE DE TRÉVISE, 29

1894

INTRODUCTION

C'est folie de croire toute chose connue,
et c'est sagesse de tout étudier.

NEWTON.

Une des graves préoccupations de l'homme
a toujours été de savoir ce qu'il devient après
sa mort.

Pour essayer de résoudre ce difficile problème et connaître aussi la destinée de son âme,
l'homme n'a pas craint, à toutes les époques
et chez tous les peuples, d'évoquer les morts!

Qu'est-elle, cette âme ?

D'où vient-elle ? Où va-t-elle ?

Voilà des questions que l'homme médite
depuis des siècles et des siècles, depuis qu'il
est sur la terre.

C'est l'étude de ces graves questions qui

constitue ce qu'on nomme la Science de l'ame ou Psychologie.

La science psychologique, quelle que soit d'ailleurs l'opinion professée à son égard, a toujours exercé sur l'esprit humain une très grande impression, mais à aucune époque cette attraction n'a été aussi forte que de nos jours.

A quoi cela tient-il ?

Cela tient à ce que nous venons de traverser une période de recherches et de doute qui nous a conduit insensiblement à une transformation radicale de notre organisation sociale.

Chacun voit, sait fort bien que notre Société, telle qu'elle est actuellement organisée, ne peut subsister.

Jusqu'ici, lois, règlements, religions, empire, royaume, république, toutes ces formes gouvernementales ont été impuissantes pour améliorer le sort des malheureux, c'est-à-dire du plus grand nombre. A l'heure actuelle, au milieu d'une richesse sans précédent, la masse du peuple souffre et périt dans la misère noire. Et comme le dit fort bien notre ami Léon Denis (1) :

_____

(1) Après la mort, page 6. — 1 vol. in-12, Paris, 1890.

« Les progrès matériels sont immenses, mais au sein des richesses accumulées par la civilisation, on peut encore mourir de privations et de misère. L'homme n'est ni plus heureux, ni meilleur au milieu de ses rudes labeurs. Aucun idéal élevé, aucune notion claire de la destinée ne le soutient, de là ses défaillances morales, ses excès, ses révoltes. La foi du passé s'est éteinte, le scepticisme, le matérialisme l'ont remplacée, et sous leurs souffles, le feu des passions, des appétits, des désirs a grandi. Des convulsions sociales nous menacent. »

La classe dirigeante, autrement dit la finance (1), prend peur ; aussi fait-elle quelques aumônes sur les millions qu'elle... gagne honnêtement à la Bourse, de crainte que la bête affamée ne sorte de sa tanière et ne se jette sur elle pour la dévorer.

Mais que peut faire l'aumône égoïste ?

Rien ou presque rien : créer des asiles de nuit ou donner des soupes, une *bouchée de pain* pendant les hivers très rigoureux. Or,

---

(1) AUGUSTE CHIRAC, *Les Rois de la République*, 2 vol. in-12, Paris, 1888. E. Dentu.

venir en aide momentanément au malheureux, ce n'est rien faire. Du reste, dans une civilisation avancée, l'aumône dégrade à la fois celui qui la fait et celui qui la reçoit, car elle crée la haine entre ces deux classes d'hommes. Aussi il arrivera un moment où deux camps se trouveront en présence : l'exploiteur et l'exploité ; or, le plus fort, le *nombre*, dévorera le plus faible, telle est la loi de la vie.

Aujourd'hui l'équilibre social est rompu, mais totalement rompu ; le monopole (la finance) a tout tué ; il ne reste que deux principes en présence : LE VEAU D'OR et LE MATÉRIALISME NÉANTISTE, qui ont la prétention de succéder aux Religions, qui jusqu'ici n'ont pas toujours justifié leur étymologie de *religare*, relier, unir.

Ont-elles réuni les hommes dans des sentiments de fraternité, d'union, de paix, de concorde, d'apaisement, de solidarité, de charité ? Nullement. Trop souvent, hélas, elles n'ont servi qu'à les désunir ! Elles n'ont été que le prétexte de guerres incessantes depuis qu'elles existent et l'on peut dire, en toute vérité, qu'aucun fléau n'a autant moissonné d'existences que l'*Intolérance religieuse* (1).

Les Religions ont donc fait presque autant de mal que de bien à l'humanité.

Les philosophies, quelles qu'elles soient, ont apporté au contraire à l'être humain de puissantes consolations que le matérialisme n'a jamais pu donner.

Du reste, le matérialisme a fait ce qu'il pouvait faire, c'est-à-dire une œuvre destructrice, c'est-à-dire encore mauvaise, détestable.

Heureusement qu'il tend à disparaître de plus en plus avec la vraie science. Nous sommes loin déjà des affirmations d'un Carl Voght qui prétendait que « la pensée est une sécrétion du cerveau », ou bien encore de cette affirmation de Büchner (2) : « L'homme n'est pas libre, il va où son cerveau le pousse. »

Si cette belle théorie était admise, que deviendrait la responsabilité humaine ? L'homme n'en aurait aucune. Il faudrait donc supprimer les juges et les prisons.

(1) Voir notre PRÉCIS HISTORIQUE *de l'Intolérance religieuse à travers les siècles*; 1 vol. in-8°.

(2) Cf. Louis BUCHNER, *Kraft und staff* (force et matière), 1 vol. in-8°, Paris, 1860.

La religion et le matérialisme n'ayant rien pu faire pour améliorer le sort de l'humanité ; il reste les philosophies qui ont souvent apporté à l'homme des consolations et des améliorations puissantes à de tristes situations, et parmi les philosophies, le Spiritualisme a été pour l'homme d'un grand secours. C'est le spiritualisme seul, qui pourra sauver l'humanité et la sauvegarder des catastrophes prochaines qui s'avancent menaçantes.

Mais le Spiritualisme arrivera-t-il assez tôt pour enrayer les calamités qui s'avancent menaçantes ? Telle est la question !

Qu'il nous suffise pour l'instant de constater qu'un mouvement des plus caractéristiques de l'opinion, même de l'opinion scientifique, se dirige vers le Spiritualisme. C'est d'un heureux augure pour l'avenir, et il semble positivement qu'au seuil du XX° Siècle, l'humanité veuille secouer la torpeur dans laquelle elle s'est par trop complue dans les deux derniers siècles écoulés. Le XX° Siècle paraît vouloir aller de l'avant, ce qui le prouve, c'est le grand mouvement philosophique contemporain,

Le matérialisme, avec ses théories écœurantes, s'effondre chaque jour davantage ; il tend à disparaitre, et cela au moment où il semblait avoir atteint son apogée.

Lui mort, la philosophie spiritualiste amènera certainement la rénovation sociale si désirable. Ce qui prouve la puissance du mouvement progressiste et de la rénovation qui en sera la suite, c'est le nombre des écoles spiritualistes qui surgissent de toutes parts avec leurs journaux et leurs livres. Cette littérature nouvelle, nous conduira certainement à une ère nouvelle, marquant un progrès dans l'histoire de l'humanité.

Les revues et journaux spiritualistes français se nomment : *L'Aurore*, *L'Etoile*, *L'Harmonie*, *L'Initiation*, *Le Lotus bleu*, *La Lumière*, *La Paix universelle*, *La Religion laïque*, *La Revue spirite*, *Le Spiritisme*, *Le Voile d'Isis*, etc, car nous n'avons pas la prétention de nommer même une infime partie de ces journaux, ce sont les plus connus, les plus répandus, dont nous voulons parler.

Toutes ou presque toutes ces publications s'efforcent de rapprocher l'antique philosophie spiritualiste de la science moderne, et leurs nobles efforts commencent à être couronnés de succès.

Et ce n'est pas seulement en France que ce mouvement s'accomplit; on le retrouve à l'étranger, dans toutes les parties du monde.

L'Angleterre publie : *The Light, Lucifer, The Medium and Daybreak ;* la Russie, *Le Rébus* et quantité d'autres journaux importants ; l'Allemagne, *Le Sphinx, Le Psychische studien monatliche Zeitschrift*, publié à Pétersbourg sous la direction de M. Aksakoff, et édité à Leipzig par O. Mutze ; le *New spiritualistiche*, etc. ; l'Espagne, la *Revista espirita*, le *Criterio espirita ; El Buen sentido, El Faro, La Revelacione*, etc. ; l'Italie, la *Lux*, les *Annali dello Spiritismo in Italia, Vessillo spiritista*, etc. ; La Belgique, le *Moniteur spirite et magnétique, Le Flambeau, Le Messager. Les Sciences mystérieuses*, etc. ; la Hollande, le *Op de Grenoen*, etc. ; à Lisbonne, *O Psychismo*, etc. ; l'Inde, *The Theosophist*, etc., etc.

Quant au Nouveau Monde, c'est par centaines que paraissent les journaux et les revues spirites et spiritualistes, rien qu'à Chicago, à New-York et à Buenos-Ayres ; dans chacune de ces villes importantes, c'est au moins une vingtaine de journaux ou de revues qu'il nous faudrait énumérer et ces publications représentent des millions de lecteurs.

Si maintenant, nous passons à la littérature, nous pouvons bien dire que les livres parus dans ces dernières années sont si nombreux qu'ils forment déjà une riche, très riche bibliothèque.

C'est pour continuer à augmenter cette richesse et apporter à nouveau de modestes matériaux à l'édifice spiritualiste que va ériger sans aucun doute le XX⁵ Siècle, que nous avons écrit la présente étude.

Puisse-t-elle coopérer au grand mouvement spiritualiste qui peut seul, d'après nous, sauver le vieux monde de l'effondrement dont il est actuellement menacé. Ce vaste effondrement pourra-t-il être évité ? Il est bien difficile de répondre affirmativement, devant l'égoïsme brutal qui fait le fond de notre belle civilisation moderne, où l'on a beaucoup prôné le *Struggle for life*.

Ce qu'il faut avant tout, c'est prêcher la tolérance, la fraternité, la solidarité, la charité, l'altruisme, c'est-à-dire proclamer bien haut que la vie sur terre n'est pas tout, qu'elle est peu de chose, qu'elle n'est rien au con-

1.

traire auprès de la vie d'outre-tombe. Il faut qu'on le sache bien, que tout le monde soit convaincu que la vraie vie ne commence qu'après la mort, comme la vie du papillon, qu'après qu'il a déposé sa chrysalide. Cet insecte passe par trois états différents : larve, nymphe, papillon, tellement divers, qu'on pourrait croire à trois existences. Qui sait par combien d'existences, d'avatars, l'homme doit passer avant d'arriver à la perfection.

Quoi qu'il en soit, ce n'est qu'après la mort que l'homme reçoit une partie de ce qui lui est dû : *A chacun selon ses œuvres.*

Ce qui lui revient, alors, n'est pas ce salaire banal, fantaisiste, que promet en général le sacerdoce des Religions, mais un salaire véritable, qui ne se nomme ni Paradis, ni Enfers, mais *Devakan* et *Avitchi*, c'est-à-dire des états divers de l'être, comme l'enseigne la religion Hindoue.

Les quelques idées qui précèdent sont admirablement exprimées dans une lettre inédite, dont nous sommes heureux d'offrir la primeur à nos lecteurs. Cette lettre est de M. Charles Naudin, de l'*Académie des sciences.*

*Villa Thuret. — Laboratoire de
l'Enseignement supérieur.*

Antibes, 7 février 1879.

Cher Monsieur,

Votre lettre du 4 février m'aurait fait tout
à fait plaisir, si elle m'avait appris quelque
amélioration dans votre situation sur l'*Échelle
sociale* et, comme conséquence, plus de tran-
quillité d'esprit. J'aime à me persuader cependant que, si l'avenir est encore incertain, le
présent du moins est supportable. J'ai peine
d'ailleurs à comprendre que, doué comme
vous l'êtes du talent d'écrire, vous n'ayez pas
exploité plus fructueusement ce filon. Combien d'autres, qui ne vous vont pas à la hau-
teur des genoux, savent faire sortir un filet
d'or de leur petit talent ?

J'ai lu et relu votre lettre, à laquelle j'aurais
un petit volume à répondre, si des occupations
multipliées et qui renaissent, comme la tête de
l'hydre de Lerne, quand on croit s'en être débarrassé, m'en laissaient le loisir. Je vous
dirai cependant, en quelques mots, que l'antique religion des Grecs et des Romains n'é-

tait pas aussi consolatrice que vous le pensez.
Si le Christianisme a son Enfer, l'ancien Po-
lythéisme avait son Tartare, qui n'était pas
plus doux. Au surplus toutes les religions,
raffinées ou grossières, ont leur Paradis et leur
Enfers, et cela par le fait même de cette pente
naturelle de l'esprit humain sous toutes les
zones, à croire au Bien et au Mal moral, au
mérite et à la culpabilité, aux récompenses et
aux châtiments.

« Traduits en langage scientifique, cela veut
dire que *tout ce qui est vient de* quelque chose
et va à quelque chose; que rien ne se perd;
que tous les actes, de quelque nature qu'ils
soient, sont suivis de leurs conséquences. En
un mot, c'est ici, comme dans la science, l'application du principe de continuité, qui s'exprime dans le vieil adage que nous a légué la
sagesse antique : *Ex nihilo nihil, et in nihi-
lum nihil.*

« Or, en vertu de cet axiome absolument ir-
réfragable, vous êtes obligé de dire : « Il y a
un ciel, il y a un enfer; il y a une aristocratie
céleste, il y a une plèbe infernale, et cela en
dehors de tout système religieux. »

« Ne croyez pas que la mort se présenta

avec un visage plus souriant chez les anciens
que chez nous. Si vous saviez le latin, je vous
dirais : « Lisez l'admirable poème de Lucrèce
qui vivait un siècle avant l'ère chrétienne.
Vous pouvez du reste en lire quelque traduction dans les bibliothèques. Vous y verrez
combien la vie des hommes était tourmentée
par les misères inhérentes à notre nature et
par les fantômes de leur imagination. Quoi-
qu'on fasse, il n'y a pas de philosophie qui
puisse nous rassurer sur l'au-delà ; les plus
fermes libres-penseurs, malgré l'obligation
qu'ils ont contractée de jouer leur rôle jusqu'au bout, ce dont l'honneur leur fait un devoir, ne peuvent rien affirmer ; comme les
simples croyants, ils sont réduits à dire : « *Je
crois* qu'il n'y a rien à espérer, ni à craindre,
mais je n'en sais rien ; c'est une simple idée
qui m'est venue à l'esprit ».

« Combien d'idées enfantines gouvernent
encore le monde ! N'entendez-vous pas à tout
instant parler du hasard de la naissance,
comme si le hasard n'était pas la contradiction
formelle du principe de continuité ? Le con-
tradictoire est le type de l'absurde ; on peut
même dire qu'il n'y a d'absurde que ce qui

implique une contradiction. Or, prétendre que si les hommes naissent au hasard, sans que les phénomènes antécédents aient déterminé la parenté de laquelle ils naissent, sans que des états de choses placés dans un *avant-naître* plus ou moins reculé soient le point de départ de leurs penchants heureux, de leurs facultés pour le bien ou pour le mal, de leurs prédispositions mentales et physiologiques, c'est tout simplement dire que des phénomènes peuvent sortir *de rien*, en un mot c'est contredire le principe de continuité, et, enfin de compte, dire une absurdité.

« Persuadez-vous de ceci, malgré le courant des idées du vulgaire : Nous ne sommes pas nouveaux dans l'existence ; nous ne datons pas de l'instant où nous avons été conçus, bien des fois, déjà, avant cet instant, nous avons traversé l'existence avec des chances diverses, et dans chacune de ces étapes sur la route de l'éternité, nous avons traîné avec nous, au plus intime de notre âme, ces germes insoupçonnés de bien-être ou de mal-être que nous voyons fleurir dans nos existences successives. — Le péché originel n'est pas une fantaisie de l'esprit ; sous ce symbole se cache

une vérité terrible, mais qui n'est accessible
aux esprits de la multitude, que sous la forme
anthropomorphique et enfantine sous laquelle
elle leur est présentée. En deux mots, nous
sommes bon gré mal gré les fils de nos œuvres ;
nous héritons de nous-mêmes nous récoltons
dans la vie actuelle, ce que nous avons semé
dans les vies antérieures et actuellement encore, nous semons pour les existences futures.
Le ciel et l'enfer ne sont pas des lieux particuliers de l'univers ; *ce sont des états de l'âme*,
d'où résultent les adaptations ou les discor-
dances de l'être avec le cosmos ambiant. L'a-
daptation parfaite, c'est la satisfaction de
toutes les aspirations de l'âme ; *c'est le bonheur* ;
la discordance, ce sont les instincts et les aspirations qui hurlent dans le vide ; *c'est le
malheur*. Voilà à quoi se réduisent le ciel et
l'enfer, et *ce n'est pas peu de chose*. Jetez les
yeux sur l'humanité, telle qu'elle est encore
sur ce globe ; évaluez si vous le pouvez les
souffrances engendrées par la méchanceté
d'une moitié du genre humain et par les vices
de l'autre ; les maladies, les misères multiples
qui frappent chaque homme en particulier ;
les tueries d'hommes en gros, l'esclavage, les

vols, les viols, incendies et brigandages et,
pour couronner le tout, l'inventeur de sup-
plices qui décuplent et centuplent les horreurs
de la mort! Est-ce que tout cela n'est pas
l'enfer? Est-ce que tout cela ne sort pas du
fond même de la nature humaine?

« Concluez donc que tout homme porte en
lui-même le principe du ciel et de l'enfer, de sa
destinée dans les avatars de l'avenir, et que
suivant ce qu'il contient déjà, dans son être
psychique, sa pente l'entraîne en quelque sorte
invinciblement vers le couple générateur dont
la coopération lui est nécessaire pour l'in-
carner et entrer dans le cosmos. C'est terrible
à penser, mais c'est également consolant, et
il ne faut pas calomnier la mort, qui n'est
après tout qu'une rénovation, la porte d'entrée d'une nouvelle carrière à parcourir, une
large récolte de bonheur à faire, si la semence
a été bonne.

« Je n'en finirai pas sur ce chapitre, car il y a
bien d'autres éléments à considérer dans cette
énorme question qui domine toutes les autres,
et qui s'éclaircira, je n'en doute pas à mesure
que la science progressera. Vous me trouvez
résigné, parce que j'ai pu me contenter d'un

lot que d'autres auraient trouvé mauvais ; ce n'est pas de la résignation, c'est de la philosophie. Je ne dis pas *je crois*, je dis *je sais*, parce que je m'appuie sur le principe infaillible de la continuité des choses ; je suis, donc j'ai été, donc je serai, etc. Toute la question est de se tenir sur ses gardes et de *soigner l'avenir*. S'il y a à craindre, il y a aussi à espérer ; donc, bon courage et combattons le bon combat dont la stratégie est formulée dans cette règle : « *Aimez-vous les uns les autres*, etc, »

Signé : Ch. Naudin.

Cette lettre était adressée à un de nos amis, profond matérialiste ; nous n'en avons pas donné la fin parce qu'elle renferme des lignes tout à fait intimes, qui servent à démontrer que l'illustre membre de l'Institut a écrit tout naturellement et sans aucune prétention, à notre commun ami.

Ajoutons que M. Ch. Naudin est catholique sincère et serait probablement furieux, si on lui disait qu'il est spirite, ce qui n'empêche pas que le plus fidèle disciple d'Allan Kardec aurait pu signer la lettre que nous venons de soumettre à nos lecteurs.

On peut donc ajouter le nom de Ch. Naudin à la liste déjà longue des savants qui, sans s'en douter ont défendu le spiritisme, et parmi lesquels figurent déjà les Mapes, les Robert Hare, les William Crookes, les Russell Wallace, les John Lubbock, le Huxley, les Oxon, les Morgan, les Zollner, les Weber, les Carl du Prel, les Fisher, les Hartmann, les Fauvety, les Nus, les Bonnemère, les René Caillié, les Chaigneau, les Rouxel, etc., et tant d'autres dont nous retrouverons les travaux dans le cours de cette étude.

Nous sommes obligés de reconnaître que les savants français sont plus réfractaires, partant moins nombreux, dans cette nomenclature, que les savants anglais, américains, allemands ; mais bientôt, de pléiade qu'ils forment, ils seront une vaillante phalange, c'est notre intime conviction ; il y a, du reste, un commencement à tout.

Nous espérons que le présent travail amènera un grand nombre de matérialistes au spiritualisme, la véritable clef de voûte de l'édifice social, nous pourrions même dire de notre humanité.   **E. B.**

CHAPITRE PREMIER

Je n'accepte sans réserve l'opinion
d'aucun homme mort ou vivant.

HORACE GREELY.
Recollection of a Burg Life.

NIHIL SUB SOLE NOVUM

Il n'y a rien de nouveau sous le soleil, c'est là une vérité banale, mais qu'on est bien obligé de servir souvent à ses lecteurs, quand on écrit sur quoi que ce soit, car l'homme est facilement oublieux des choses du passé.

Et cependant, s'il le connaissait mieux ce passé ; son présent et son avenir seraient beaucoup moins sombres.

Notre siècle est, plus que les autres, oublieux du passé, et messieurs les savants officiels, couverts de parchemins, croient fermement que la science ne date que de nos jours, c'est-à-dire de leurs travaux.

Notre siècle est, il est vrai, le siècle des idées, parce que la majeure partie des hommes instruits vivent par la tête, rien que par la tête seule ; aussi l'ambition est un des grands moteurs de notre civilisation, moins avancée, cependant, qu'on ne le croie généralement.

Après l'OR, le véritable roi de l'époque, c'est le SCEPTICISME. Les savants sont des sceptiques par excellence. Le scepticisme, cela vous pose bien un homme. Un niais qui croit tout ce qu'on lui raconte n'est qu'un imbécile, mais un idiot qui est sceptique peut passer facilement pour un grand homme. Cela fait très bien de ne croire à rien qu'à ce que l'on voit, qu'à ce que l'on palpe, qu'à ce qui tombe sous nos sens matériels.

Puis, ce mode de procéder à un autre avantage, d'abord il est commode, il vous sépare du *Vulgum pecus* qui, étant honnête, est généralement fort crédule, puis il a encore l'avantage en amenant tout, dans une sphère définie d'avance, de pouvoir nier tout ce qui n'arrive dans cette sphère, enfin tout ce qu'on ne comprend pas bien ou pas du tout, est facilement niable ; ce qui est commode et beaucoup plus facile que de l'expliquer ou de tenter du moins des explications.

LA PSYCHOLOGIE est dans ce cas ; le sujet est

délicat, très délicat, difficilement explicable
avec les seuls sens matériels ; aussi les *Grands
Savants* ne connaissent et ne veulent pas connaître l'âme. Le *Psychisme* étant aussi bien
incompréhensible, ils nient cette force.

On voit que la méthode est fort simple, facile
à suivre : un fait est difficilement explicable,
on le nie, il ne saurait exister.

A quoi bon du reste, s'attarder à des *subtilités métaphysiques*, à quoi cela conduirait-il ?
Vouloir comprendre l'Incompréhensible ? Est-
ce que le pouvoir de l'âme, ses facultés, est-ce
que tout cela tombe sous les sens ? Est-ce que
l'homme peut connaître autre chose que le
résultat de ses perceptions sensorielles ? Est-ce
qu'un individu quelconque peut posséder des
pouvoirs naturels, que son voisin ou tout
autre ne saurait posséder ?.

Non, cela ne peut pas être ! En fait de force
et de pouvoirs, il n'en existe pas d'autres que
ceux qui sont communs, qui sont à la disposition de tous les hommes, des pouvoirs connus,
classés, *étiquetés* par la *Science moderne.*

La Science Moderne, le grand mot est lâché,
une fois qu'un savant a prononcé ce mot, il
n'y a plus rien à ajouter, la science moderne,
il n'y a que cela!

Cependant pour le penseur, pour le philosophe, pour le savant véritable, il y a autre chose que la science moderne ; ce quelque chose, c'est la science ancienne, très ancienne, celle qui a tout créé de toute pièce, celle qui a été longtemps perdue, qu'on commence à retrouver, à peine, et à étudier par conséquent ; car il n'y a rien de nouveau sous le soleil, comme nous nous plaisons à le répéter, et comme nous allons le voir bientôt, et dans tout le cours de cette étude.

Qu'est l'Univers ? Quelle est sa composition ? D'où provient-il ? Pourquoi subsiste-t-il ? Que deviendra-t-il ? Qu'est-ce que l'homme ? Quelle est sa nature ? Quelle est sa composition ? N'est-il que matière ?

A-t-il, au contraire, en lui, un principe spirituel ; une étincelle divine ?

Telles sont les questions qui se pressent en foule à l'esprit de l'homme qui, voulant arriver à la vérité, recherche tous les moyens qui peuvent le diriger, et le conduire vers ce but.

Or, pour commencer à répondre à toutes ces questions, nous ferons quelques emprunts à un livre hindou fort ancien, le *Sivagama* (1),

(1) Le *Sivagama* est un ancien livre sanskrit dans lequel nous trouvons des théories et des vues scientifiques, qui ont une grande analogie avec certaines dé-

emprunts qui serviront pour ainsi dire d'introduction au vaste sujet que nous traitons.

Il est écrit dans cet ancien livre :

« Parvâti, l'épouse de Siva, dit au Seigneur: « Sois assez bon pour me donner quelques informations, en ce qui concerne l'Univers.

« Par quelle cause vient-il à l'existence ? Qui l'entretient dans cette existence ? Qui le perpétue dans sa durée?

Enfin comment finira-t-il ?

Et le Seigneur s'en rapportant aux forces subtiles de la nature et ne s'occupant nullement des forces matérielles, le Seigneur répond :

« L'Univers est composé par les TATWAS au nombre de cinq. »

Disons en passant, que ceci rappelle tout à fait le « Poimandrès d'Hermès Trismégiste » et son dialogue avec Thoth, *le Seigneur des écrits sacrés* (1).

Pour en revenir aux TATWAS, nous dirons que l'on désigne ainsi dans l'Inde, *les forces*

---

couvertes modernes, notamment en ce qui concerne la Chromopathie, la Physiologie, la Psycométrie, etc., — nos extraits sont tirés du chapitre IX.

(1) On peut lire ce dialogue pages 43 à 50, dans notre volume ISIS DÉVOILÉE ou l'*Egyptologie* sacrée, 1 vol. in-8 de 304 pages. Paris, Chamuel et Cie, éditeurs.

subtiles de la nature qui existent soit au nombre de cinq, ou de quatre seulement, d'après certains auteurs, suivant qu'on confond l'aither et la chaleur ; quoi qu'il en soit, voici le nom des cinq Tatwas avec leur couleur, car ces forces sont colorées, et c'est là, ce qui a pour nous une grande importance, car nous savons que le fluide magnétique, force subtile par excellence, possède également des couleurs, de même que le fluide Odique ou OD de Reichenbach, dont nous parlons plus loin.

On voit par l'étude, que tous ces fluides ou *forces subtiles* ont une commune origine, s'ils ne sont pas identiques, fait que le lecteur pourra vérifier de lui-même au fur et à mesure que nous avancerons dans notre étude.

Voici les noms des *Tatwas* :

1. AKASA. — *Aither*. — Noir.
2. VAYU. — *Gaz, Essence*. — Bleu.
3. TEJAS. — *Chaleur*. — Rouge.
4. UPAS. — *Liquide*. — Blanc.
5. PRITHIVI. — *Solide*. — Jaune.

Le Seigneur répondit à Parvâti épouse de Siva ;

« L'Univers est composé par les Tatwas, il est soutenu par les Tatwas; il disparaîtra par les Tatwas. »

Les Tatwas sont donc à la fois une création,

un entretien ou vie, et une destruction. Pour nous, les cinq Tatwas ne font qu'un, c'est-à-dire sont une force unique : l'*Akasa* ou *Aither primordial*, auquel on a donné les noms les plus divers ; quant aux autres Tatwas qui se succèdent dans un ordre décroissant, ce sont des essences de moins en moins subtiles, ou si l'on veut de plus en plus grossières, puisqu'elles arrivent jusqu'à la matière la plus matérielle, jusqu'au solide (*Prithivi*).

Mais de même que tout ce qui existe dans la nature, est composé d'un mélange des cinq *Tatwas*, chaque être, chaque chose, chaque idée, chaque pensée a pour ainsi dire son Tatwas particulier, c'est-à-dire sa force propre et par suite sa couleur spécifique. Cette émanation particulière, nous la nommons *Aura* (1) ; c'est cette Aura ou *Auréole* qui entoure comme d'un cercle la tête des saints personnages des diverses religions. Ces personnages étant des êtres d'une grande pureté, leur émanation astrale est très puissante et se dégage avec une telle intensité que les sensitifs peuvent l'apercevoir et la décrire.

---

(1) Nous ne reviendrons pas ici sur cette question de l'*Aura*, l'ayant traitée ailleurs. Voir notre volume Ad-dha-Nari ou *l'Occultisme dans l'Inde Antique*, pages 297 et suivantes; 1 vol. in-8° de xiv-359. Paris, Chamuel.

Du reste, il est aujourd'hui parfaitement admis par la science, que chaque chose s'*irradie* en une *aura* particulière, ce qui s'explique fort bien, puisque chaque Tatwas se diversifiant produit une chose différente de sa voisine, mais de même aussi la couleur des Tatwas en se mêlant ou plutôt se mélangeant dans des proportions diverses, indéterminées, produit des couleurs différentes. On a donc les Tatwas, ou *couleurs primaires* et les Tatwas ou *couleurs secondaires*, qui ont chacun leur nuance propre et déterminée ; le bleu et le rouge fournissent, suivant la combinaison de leurs proportions : le pourpre, le violet plus ou moins foncé, etc., etc., le jaune et le bleu, du vert qui part du plus intense pour aboutir au vert le plus pâle, au vert-chou.

Mais ces couleurs, ces nuances ne peuvent être perçues, que par les hauts sensitifs (1), par un Yogi par exemple. Cependant par suite d'un long entraînement, par une forte volonté et une pratique constante, tout le monde peut développer son *sixième sens*, le sens occulte, celui que le Grand Paracel se nomme le *sixième*

---

(1) Le lecteur verra plus loin, quand nous analyserons les travaux de Reichenbach, à quoi on reconnaît les sensitifs de divers degrés. Voir pages 44 et 45.

principe « qu'il faut avoir développé dit-il, pour être un bon médecin. »

En effet, c'est par ce *sixième* principe ou *principe spirituel* que nous pouvons voir les nuances émises par l'*aura* du corps des personnes ; et c'est cette aura qui fait, par exemple, que les chiens et surtout les chats, beaucoup plus sensitifs, éprouvent à première vue de la sympathie ou de l'aversion pour des personnes qu'ils n'ont jamais vues.

Cette sensibilité extrême explique parfaitement un fait, dont, comme beaucoup de personnes, nous nous sommes autrefois moqué. Ce fait est celui-ci : c'est que bien des écrivains sacrés, parlant de saint Philippe de Néri, ont prétendu qu'il sentait l'odeur d'une vierge, d'aussi loin qu'il l'apercevait. — Sous cette forme la chose n'est pas admissible ; ces écrivains auraient dû dire : « d'aussi loin que saint Philippe de Néri voyait une jeune fille, par l'émanation de son *aura*, il s'apercevait si elle était vierge. » Ce qui est fort possible.

Ce dernier fait prouve qu'il ne faut pas se moquer des idées mal exprimées parce que dans le fonds, elles sont véridiques.

CHAPITRE II

DE L'OD ET DU FLUIDE ODIQUE. — TRAVAUX DE REICHENBACH

Il existe un petit volume, dont on parle assez souvent dans le monde du Magnétisme, il a pour titre :

LETTRES-ODIQUES-MAGNÉTIQUES *du chevalier de Reichenbach.*

Nous ne saurions mieux faire, pour traiter la question de l'OD et du FLUIDE ODIQUE, que d'analyser cet opuscule, qui est lui-même une analyse très condensée des travaux du savant autrichien.

Cette étude présentera un double avantage : nos lecteurs connaîtront bien la question, ainsi que l'ouvrage assez rare, souvent cité, parfois pillé.

Voici tout d'abord la lettre du traducteur dont nous donnerons le nom bien qu'il signe modestement X.

« En vous adressant la traduction des lettres-
odiques-magnétiques de M. le chevalier de
Reichenbach, je crois vous faire jouir d'un
ouvrage précieux pour la science, et vous
initier dans un détail des faits, dont vous avez
déjà pressenti le résultat unitaire (que tout
est lumière), mais dont ni vous, ni personne
jusqu'alors n'ont pu se procurer la preuve
matérielle.

« M. de Reichenbach est un physicien distingué, en relation avec les savants en vue
d'Allemagne, d'Angleterre et même de notre
France. Le docteur Ennemoser, savant médecin, et d'une grande érudition, de plus magnétiseur profondément versé dans la science,
très riche en productions littéraires sur le
magnétisme, cite souvent, dans sa *Pratique
Mesmérienne* (1852), le dynamique dans ses
rapports avec la force vitale de M. de Reichenbach (1849).

« Il a fallu l'intuition, le savoir, la fortune, la
patience, la liberté d'action et l'esprit délié de
l'auteur, pour parvenir à faire une analyse si
profonde de toutes les unités et forces de l'organisme vital en procédant par des inductions.
Et si la plupart des hommes éclairés ont cru à
une force Universelle, aucun n'a su la définir,
ni s'en rendre raison.

2.

« M. de Reichenbach est le premier et le seul qui par ses belles et multiples expériences, a dépouillé les unités de forces de faux attributs, qu'on leur avait prêtés.

« Il est le seul qui a mis à grand jour que tous les corps organiques vivants sont lumineux et colorés. Seul, il a prouvé qu'il y a une Force Universelle qui pénètre tout dans l'Univers ; il était donc en droit de rechercher et de lui appliquer un nom qui en fût le vrai signe vocal.

« Et il l'a heureusement trouvé dans le sanskrit une des langues les plus anciennes de la terre, et dans ses dérivés. OD, signifie donc la Force Universelle, qui pénètre et jaillit rapidement en tout dans toute la nature, avec une force incessante.

« Dorénavant, on ne confondra plus cette force avec telle autre ; et grâce aux *Lettres Odiques*, chacun y trouvera la manière de vérifier cette belle découverte, en même temps qu'il élargira ses connaissances.

« Recevez, mon cher ami, mes amicales salutations. »   X.

X, est-il besoin de le dire, est L. D. Cahagnet, l'auteur des *Arcanes de la vie future dévoilés ;* il se donne simplement comme éditeur des

Lettres de Reichenbach, quand il en est réellement le traducteur.

LETTRE PREMIÈRE. — Dans cette lettre Reichenbach ne parle que des goûts, nous dirons préférences, qu'ont certaines personnes pour certaines couleurs, pour certains mets, pour certaines positions du corps dans le sommeil, et il nous dit qu'il en tirera plus tard des conclusions, car il y a corrélation entre les personnes ayant les mêmes sympathies ou antipathies.

LETTRE DEUXIÈME. — Dans celle-ci, notre auteur s'occupe de ce qu'il nomme des *sensitifs* ; ils les dépeint et indique le moyen d'en trouver. « Mais, tout ceci, dit-il, n'est que le côté trivial de la question ; au point de vue de la pierre de touche scientifique, il apparaît des choses d'une toute autre importance. Procurez-vous un cristal de roche naturel aussi grand que possible, un spath gypseux, par exemple, d'environ deux palmes de long, ou un Tungstire ou cristal de roche du Mont Gothard, d'un pied de long ; posez-le horizontalement sur le coin d'une table ou d'une chaise, de sorte que les deux bouts dépassent librement. Mettez alors une personne sensi-

tive devant le cristal, en l'invitant d'approcher
le plat de la main gauche des bouts dudit cristal à trois, quatre ou six pouces de distance ;
il ne se passera pas une demi-minute sans
que le sensitif vous dise que, du bout de la
pointe supérieure du cristal, il lui vient un
souffle fin et frais contre la main, et que par
le fond sur lequel le cristal a pris croissance,
il lui vient quelque chose de tiède à la main.
Elle trouvera le souffle frais, agréable et
rafraîchissant et le tiède désagréable et accompagné d'une sensation contrariante presque
répugnante, qui, si elle durait un peu, s'empa-
rerait de tout le bras en lui imprimant comme
une fatigue. Lorsque je fis cette observation
pour la première fois, elle était aussi neuve
qu'énigmatique, personne ne voulut y croire. »

C'était cependant bien facile de l'expérimenter, c'est ce que nous avons fait nous-
mêmes, bien des fois et nous avons toujours
reconnu parfaitement juste et vraie l'opinion
de Reichenbach.

Un peu plus loin, notre auteur nous dit qu'il
désira s'assurer, si de bons sensitifs ne verraient pas dans l'obscurité sécouler du prisme
de cristal, des émanations ou fluides.

« Pour en avoir la preuve, dit-il, je portai
dans une nuit sombre (mai, 1844) un grand et

puissant cristal de roche chez une demoiselle
Angélique Sturmann, sensitive au plus haut
degré. Le hasard voulut que son médecin, les
professeur Lippioh, très en renom parmi la
pathologues, fut présent. Nous établimes une
obscurité parfaite dans deux chambres, dans
l'une desquelles je posai le cristal. Il ne
se passa qu'un peu de temps avant qu'elle me
désigna le lieu où je l'avais déposé. Elle me
dit que tout le corps du cristal était pénétré
d'outre en outre par une fine lumière et qu'au
dessus de la pointe s'élevait une flamme bleue
de la grandeur d'une main, ayant un mouvement onduleux et constant, parfois scintillant,
en forme de tulipe et se perdant par le haut
en fine vapeur. Lorsque je retournai le cristal,
elle vit s'élever du côté obtus une fumée moite,
rouge, jaune. Vous pouvez vous imaginer le
plaisir que cette déclaration me fit.

Ce fut ma première observation. »

Voilà, une expérience des plus curieuses et
facile à faire ; mais beaucoup de savants officiels préfèrent la nier que de l'expérimenter,
de sorte que cette pensée du savant russe
Akzakoff sera longtemps vraie :

« Les phénomènes font la chasse aux savants, et les savants fuient les phénomènes. »

Dans la même lettre, Reichenbach nous

informe qu'il a effectué des milliers d'expériences, et que toutes, à quelque chose près, sont concordantes, pourvu que l'obscurité faite dans la pièce soit absolue, c'est là, en effet, une condition *sine quâ non.*

Que sont ces effluves, tantôt fraîches, tantôt chaudes, tièdes ? Reichenbach va nous en parler, mais sans conclure, malheureusement :

« D'après leur consistance subjective et objective, elles ne sont pas de la chaleur, car ici, on ne peut imaginer une source de calorique... Elles ne sont pas de l'électricité, car l'excitation manque pour l'effluve éternelle qui source ici. L'Electroskope n'est point affecté, et une dérivation d'après les lois électriques est sans action. Ce ne peut être ni magnétisme, ni dia-magnétisme, puisque les cristaux ne sont pas magnétiques et que le dia-magnétisme n'agit pas dans le même sens dans tous les cristaux... Cela ne peut être de la lumière ordinaire, car quand même cette lumière ne produit nulle part des sensations tièdes ou fraîches... J'ai devant moi les manifestations d'un dynamide qu'il m'est possible d'enregistrer parmi ceux qui sont connus. Si je ne fais erreur dans mon jugement sur les faits acquis, *cela prendra le milieu entre le magnétisme, l'électricité et le calorique*; mais cela ne peut être identifié avec aucun des trois, et dans cette perplexité, je l'ai, en attendant, nommé OD, dont je vous donnerai l'étymologie une autre fois. »

Et Reichenbach ne donne cette étymologie qu'à la fin de sa lettre seizième, sa dernière ; aussi, pour ne pas faire attendre le lecteur jusque-là, nous allons donner immédiatement, cette étymologie : « VA, en sanskrit, signifie *souffler*; en latin VADO ; dans la vieille langue du nord VADA veut dire : *Je marche vite, j'y cours, je coule rapidement* ; de là, VODAN signifie, dans l'ancienne langue germanique, l'idée d'une chose qui pénètre tout. Le mot se transforme, dans les différents idiomes, en WOUDAN, ODAN, ODIN, où il signifie la force qui pénètre tout, et qui, en dernier lieu a été personnifié dans une divinité germanique.

« OD est ainsi le vocal pour un dynamide qui pénètre et jaillit rapidement en tout et dans toute la nature avec une force incescessante. »

LETTRE TROISIÈME. — Dans cette lettre, Reichenbach nous dit que « cette merveilleuse force (odique) ne découle pas uniquement des pôles de cristaux, elle jaillit encore d'une quantité d'autres sources de l'univers avec une force égale, sinon supérieure. Il indique diverses expériences d'après lesquelles il déduit ces sortes d'axiomes résumés par nous ;

1° Le pôle du cristal qui a exhalé une fraîcheur agréable a donné une lumière bleue ;

2° La lumière solaire, qui fournit de l'Od, donne de la fraîcheur par son rayon bleu.

3° Les rayons jaune et rouge donnent des sensations pénibles, dangereuses aux sensitifs, parce que leur souffle est tiède ; tandis que le rayon bleu qui, nous venons de le voir, donne de la fraîcheur, procure des sensations agréables.

Comment Reichenbach a-t-il pratiqué sur ses sensitifs les expériences qui précèdent ?

En décomposant par le prisme la lumière solaire et en leur mettant un tube de verre que le sensitif portait tantôt dans le rayon bleu, dans le rayon jaune et rouge ; de cette façon, le sensitif dégustait, pour ainsi dire, le *Spectre solaire.*

Enfin, Reichenbàch nous dit que, si l'on place deux verres d'eau, un dans « la lumière solaire repoussée » et l'autre dans « celle qui a passé », c'est-à-dire l'un en pleine lumière et l'autre dans l'ombre, le sensitif dira « de suite que l'eau de la lumière repoussée est fraîche, est un peu acidulée, et que celle de la lumière passée est légèrement amère et tiède. » Il ajoute qu'il boira le premier avec plaisir, tandis que si on l'oblige à absorber le second, le sensitif pourra vomir cette eau quelque temps après l'avoir bue.

Enfin, vers la fin de la troisième lettre Reichenbach nous dit, que la lune « émet, exerce des produits (actes) Odiques et que son influence sur les lunatiques concorde parfaitement avec ceux qu'on peut obtenir d'autres sources odiques, cet astre devient d'une grande signification pour nous comme effluent (1) de l'OD. Ainsi la lumière du soleil et de la lune nous irradient si richement la force odique, que nous pouvons la recueillir facilement et la maintenir dans les simples expériences que je vous ai citées. Bientôt, vous recevrez des preuves de son incommensurable influence sur le genre humain et partant sur les règnes animal et végétal.

L'OD est en *tout* comme dynamique cosmique ; il rayonne d'étoile en étoile, et, de même que la lumière et le calorique, il embrasse l'Univers entier.

LETTRE QUATRIÈME. — Cette lettre traite du magnétisme et de sa corrélation avec le fer ai-

---

(1) Emettant.

manté. Elle nous apprend que suivant qu'un
verre d'eau est placé dans la direction du
pôle nord ou du pôle sud d'une barre de fer
aimantée, ce verre a du côté nord une fraîcheur et un goût agréable, tandis que l'eau
dirigée du côté du pôle sud est tiède et fade ; ‧
les sensitifs reconnaissent ce fait, après six ou
huit minutes d'exposition de l'eau, et ici Rei-
henbach fait une réflexion assez curieuse sur
les savants.

« Si vous voulez, dit-il, faire une niche à
nos chimistes en leur demandant l'explication
du fait, ils en seront vexés, et pour sortir
d'embarras, ils nieront rondement (c'est-à-
dire carrément) votre expérience ; quoi qu'elle
soit claire comme la lumière du jour, ils diront
qu'elle n'est pas vraie..... Nous pouvons rire
de la nudité que présente, çà et là, la chaire
doctorale, car la vérité de la nature ne peut
être transformée en mensonge par une contradiction sans preuves.

« Contre leur gré, ces messieurs seront
bientôt forcés de se raviser ».

Reichenbach nous informe qu'il a pratiqué
dans une chambre obscure, avec le fer aimanté,
les mêmes expériences qu'il avait faites avec
les cristaux : « Je fis le premier essai avec
demoiselle Maria Nowstny à Vienne (en

avril 1844), et je les répétai ensuite par centaines de fois avec d'autres sensitifs. C'est avec une bien grande satisfaction que je vis mes suppositions justifiées, lorsqu'en premier lieu la personne citée me déclara qu'à chaque bout de la barre se montrait *une flamme lumineuse, ardente, fumante, et jetant des étincelles ! bleues vers le pôle nord, et jaunes rouge vers le pôle sud.*

« Mais, faites vous-même ce facile essai, variez ensuite, posez un fer aimanté debout dans le sens vertical, que le pôle sud soit en haut ; vous entendrez dire par le sensitif que la flamme grandit. Si l'aimant est d'une force suffisante, elle s'élèvera jusqu'au plafond de l'appartement, et produira là un rond point lumineux de un, deux, jusqu'à trois pieds de diamètre, si clair, que le sensitif s'il est assez irritable, pourra vous détailler les pointures (dimensions, sans doute) qu'il y remarque ».

Et alors Reichenbach insiste sur la nécessité d'avoir une *obscurité absolue*, sans cela le sensitif « ne verrait rien, vous travailleriez gratuitement, et la ponctualité de mes paroles courrait risque d'une suspicion imméritée ».

Il y a lieu de nous appesantir, ici, sur l'insistance qu'apporte Reichenbach à réclamer une *obscurité absolue* ; parce que cette insistance sert à répondre à ceux qui, à propos des manifestations spiritiques, disent : « Mais pourquoi l'obscurité est-elle nécessaire? Les eprits pourraient bien se manifester dans une pièce éclairée? — Cette obscurité est nécessaire surtout pour tromper les naïfs ! voilà ce que disent encore les détracteurs des manifestations spiritiques. Or, Reichenbach pour ses phénomènes d'aimantation réclame une obscurité absolue, sans laquelle ceux-ci ne pourraient être aperçus, même des sensitifs.

Enfin, dans la même lettre, l'auteur nous dit : « Cette apparition lumineuse sera encore plus belle à l'œil, *si vous faites emploi d'un aimant en forme de fer-à-cheval et le posez debout, les deux pôles vers le haut. J'en possède un fer à cheval à neuf lames, d'une force d'attraction de 100 livres* ; tous les sensitifs voient s'écouler de chacun de ses pôles une fine lumière ; ainsi, deux lumières l'une à côté de l'autre, qui ne s'attirent pas, qui ne s'anéantissent pas, qui n'agissent pas l'une sur l'autre à la manière des forces magnétiques de deux pôles, mais qui s'élèvent haut et paisiblement l'une à côté de l'autre, fourmillant d'innombrables petits points d'une blancheur lumineuse, et formant ensemble une colonne de la grandeur d'un homme;

tous ceux qui l'ont vue, l'ont décrite comme admirablement belle »...

Mais les lignes suivantes sont très remarquables : « Si on tient un corps plat, une planchette ou une feuille de verre ou de métal dans l'apparition flamboyante, elle se plie, (se replie) contre eux et passe par dessous, tout à fait comme une flamme ordinaire quand on y pose une casserolle ou un pot. Lorsqu'on souffle, elle ondoie comme fait la flamme d'une bougie. S'il survient un courant d'air, ou se meut-on avec l'aimant, elle se couche du côté dans la direction du courant d'air, semblable à un flambeau qui est en mouvement. Met-on un verre lenticulaire à sa proximité, on pourra recueillir la lumière dans son foyer et la condenser. Ainsi cette émanation est matérielle, et beaucoup de ses propriétés sont communes à la flamme. »

Nous n'insisterons pas plus longtemps sur les faits importants constatés dans cette lettre, nous aurons l'occasion d'y revenir probablement plus tard quand nous parlerons de la polarité humaine découverte et décrite par Mesmer, et de nos jours par MM. Chazarain et Ch. Dècle.

CHAPITRE III

DE LA POLARITÉ ANIMALE ET VÉGÉTALE
TRAVAUX DE REICHENBACH

Poursuivant l'étude de l'od, nous arrivons à la partie qui touche à la *Polarité humaine*, animale et végétale, nous l'étudierons avec le chevalier de Reichenbach qui, dans sa LETTRE CINQUIÈME, traite du magnétisme animal, découvert par Mesmer, vers 1770 ou 1772.

Le savant autrichien nous dit qu'un jour, dans l'obscurité, dans une chambre sans lumière, il plaça un pot de fleurs devant M. Endlicher, professeur de botanique qui était un moyen sensitif, et que le botaniste s'écria : « avec un étonnement mêlé de frayeur : « C'est une fleur bleue ! c'est une gloxinie ! » C'était en effet, la *gloxinia speciosa*, variété *cœrulea*.

Mais ce qui est le plus intéressant de beaucoup dans cette lettre, c'est l'étude de la polarité humaine, étudiée à nouveau dans ses dernières années par MM. Chazarain et Dècle, qui n'ont guère fait que renouveler les procédés du XVIII⁰ siècle, notamment ceux de Mesmer. Celui-ci, dans un de ses *Mémoires*, nous apprend qu'il existe une influence directe et naturelle entre les corps célestes, la terre et les corps animés, ce que savaient beaucoup mieux que nous les Egyptiens et, avant eux, les anciens hindous.

Mesmer, dans ce même mémoire, nous dit aussi qu'il existe un fluide universellement répandu et continu, dont la subtilité est telle, qu'on ne saurait le comparer à aucun autre objet ; que l'action réciproque entre les corps à cause de ce fluide est soumise à des lois mécaniques totalement inconnues ; que c'est ce même fluide qui, se manifestant particulièrement dans le corps humain, y produit des propriétés analogues à celles de l'aimant, c'est-à-dire qu'on y distingue des pôles également différents et opposés qui peuvent même être communiqués, échangés, renforcés ou détruits, lesquels pôles sont assez forts pour permettre d'observer l'inclinaison de l'aiguille ; enfin Mesmer ajoute que « la propriété du corps animal qui le rend susceptible de l'influence des corps célestes et de l'action réciproque de ceux qui l'environnent, cette action manifestée par sa ressemblance avec les effets de l'aimant l'a déterminé à le nommer *magnétisme animal*. Mais qui est encore beaucoup plus explicite que Mesmer sur la *polarité de l'homme*, c'est son disciple, le chevalier d'Eslon (1).

Enfin Reichenbach nous dit qu'après des expériences répétées sur plus de cent sensitifs, les faits de polarité ont toujours été constants.

« Je n'obtins toujours qu'un seul résultat, celui qu'au moyen de la main gauche sensitive, on sentait que tout le côté droit de chaque personne, qu'elle fût mâle ou femelle, est plus frais et par contre, le côté gauche plus chaud. *Ainsi, vous voyez par là, que l'homme, de la droite à la gauche, est polarisé avec les mêmes conditions que le cristal entre les pôles de son grand axe. Comme l'aimant entre son nord et sud,* comme la lumière solaire entre bleu et rouge, jaune. Comme ces effets avec leurs caractères sont les mêmes, nous avons le droit de conclure que les causes sont aussi les mêmes;

___

(1) Cf. *Aphorismes de Mesmer*, Edition Ricard, Paris 1845.

qu'en conséquence l'homme aussi émane de l'Od
exactement dans les mêmes doubles formes,
comme nous les avons observées jusqu'ici dans
toutes les autres sources odiques.

Reichenbach nous dit dans la même lettre
qu'il a pratiqué les mêmes expériences sur des
« chats, des poules, des canards, des chiens,
des chevaux, des bœufs et jusque sur des plantes », et il reconnut que ces animaux et ces
plantes étaient soumis aux mêmes lois ; et
il conclut de la manière suivante :

« Ainsi, toute la nature organique vivante,
entière, luit et déborde de richesse torren-
tielle de dynamides odiques ».

Dans la LETTRE SIXIÈME, qui a pour titre
« L'homme porteur d'Od », le savant autrichien
formule cette loi :

« Des conjonctions de mains isonomes odiques (gauche dans la gauche ou droite dans la
droite) sont tièdes, nauséeux. Des conjonctions
de mains hétéronomes odiques (la droite dans
la gauche) sont fraîches et agréables.

« Je vous prie, maintenant, de vous rappeler
l'observation que j'ai présentée dans ma première lettre, qu'il y a des hommes qui sont
contrariés, quand on leur présente la main et
se dégagent si l'on tient serrée pendant un
certain temps, leur main ; *or, comme on tend*

3.

toujours les mains droites, on fait une con-
jonction de mains isonomes-odiques produi-
sant le tiède et nauséeux, ce qui devient doulou-
reux aux sensitifs et bientôt insupportable ;
aussi se dégagent-ils vite. »

L'observation faite dans les lignes en ita-
liques qui précèdent est fort juste; personnellement nous en avons fait l'expérience, mais
il y a lieu d'ajouter une autre cause qui n'est
pas moins juste et importante : c'est que si un
vieillard, par exemple, retient la main d'un enfant, les mains d'une jeune femme, il aspire de
cette façon son fluide vital et s'en nourrit. Dans
ce cas, si le vieillard se réconforte, l'enfant ou la
jeune femme s'affaiblit dans les mêmes proportions. Ainsi nous connaissons une jeune femme
assez robuste, d'une constitution plutôt forte
que faible, qui, se laissant retenir la main par
celle d'un vieillard, tombe en syncope.

Reichenbach ajoute : «Faites un pas de plus;
posez les doigts de votre main droite sur le
bras gauche sensitif, sur l'épaule, sous l'ais-
selle, sur les tempes, sur les reins, le genou,
les bouts des doigts de pied, partout sur le côté
gauche de tout le corps du sensitif : les doigts
de la droite feront sentir frais et bienfaisant,
parce que ce sont des conjonctions hétéronomes. Faites de même sur le côté droit sen-

sitif avec vos doigts de la main gauche, vous produirez la même sensation de fraîcheur, ce sont également des conjonctions hétéronomes ».

En un mot, il faut toujours effectuer des conjonctions hétéronomes et jamais isononomes, et c'est à cause de ces sensations isonomes, que s'expliquent, d'après Reichenbach, l'aversion que certaines personnes ont de monter à cheval, parce qu'on tourne les côtés isonomes-odiques vers l'animal.

C'est par la même loi qu'il explique chez les nations civilisées « l'usage de céder la droite à la personne prééminente, soit en se plaçant à sa gauche ou s'asseyant à sa gauche, soit la conduisant au bras gauche, se trouve grandement fondé dans notre nature odique. »

Il termine cette lettre par cette observation : « Lorsque deux hommes sont placés l'un près de l'autre, ils déchargent réciproquement de leur OD l'un sur l'autre ; celui qui est à droite reçoit de celui qui est à gauche une charge d'OD positif. Celui de la droite gagne ainsi autant de négativité que celui de la gauche en perd. »

LETTRE SEPTIÈME. — Dans cette lettre, Reichenbach parle du *Mesmérisme,* des passes

magnétiques et des médecins ; il nous dit tout
d'abord que les expressions Od et *Mesmérisme*
ne se feront pas obstacle. Nous donnerons la
fin de cette lettre *in extenso*, car elle a une certaine importance, Reichenbach reconnaissant
déjà à cette époque (vers 1850) que « Mesmer
et les magnétiseurs étaient, il y a déjà 88 ans,
en état de guérir presque toutes les maladies.»

Il y a donc aujourd'hui 131 ans, que Reichenbach avait reconnu ce fait important; on voit
donc par là, combien lent est le progrès ; car
ce n'est guère que depuis quelques années que
la pratique du magnétisme est entrée dans nos
mœurs ; aussi les médecins se sont-ils empres-
sés d'enrayer ce pas en avant dans la voie du
progrès. Nous sommes persuadés qu'ils ont
donné un coup d'épée dans l'eau, et par des
protestations injustes, ils ne feront qu'amener
le libre exercice de la médecine ; c'est là un
résultat fatal.

Mais revenons à la fin de la septième lettre
de Reichenbach.

« Ainsi, dit-il, l'influence qu'exercent les
émanations odiques hétéronomes étrangères,
sur les côtés d'un sensitif, fait la substance de
la soi-disant magnétisation. Si vous agissez
dans l'obscurité, les sensitifs voient les touffes
ignées des doigts qui passent sur les pôles, les

effleurer jusqu'en bas. Ils voient en outre, au
point sur lesquels les flammes se portent,
surgir une lumière plus forte sur leur propre
corps; lumière qui descend avec l'excitateur
lumineux par dessus eux. Par ce phénomène
lumineux, aussi bien que par la production de
la sensation de fraîcheur, *vous reconnaissez
clairement que celui qui fait les passes produit
sur l'organisme de celui qui les reçoit,* une
irritation telle, qu'on est forcé de lui accorder
une grande signification; *que l'Od qui émane
avec la lumière bleue, influe comme existant
d'une façon toute particulière avec la lumière
rouge sur les porteurs d'Od, c'est-à-dire, hétéronomes, sur hétéronomes.* Comme le corps de
l'homme est un grand porteur d'Od, et que la
substance odique a une part puissante dans
son profond intérieur, on conçoit que les
passes odiques puissent entrer bien avant
dans l'économie physique et spirituelle de
l'homme, part qui est la production de sommeil ou d'inquiétude, d'influences sur les
troubles maladifs du corps; influences qui
deviennent utiles ou nuisibles, selon l'imposition des mains et la direction des passes. Et
les faits ne sont donc par conséquent pas une
erreur, composée de mensonge, de fraude et
de superstition, comme on a la prétention de

le soutenir autre part ; *ce sont au contraire des faits physiologiques bien fondés sur l'expérience et très conformes aux lois naturelles.* Ce ne sont que ceux qui n'ont jamais voulu se donner la peine de les approfondir qui peuvent laisser échapper des jugements si prématurés.

« Mais si vous me demandez, quel est le bénéfice réel *que l'art de guérir obtient par les passes odiques ? Je suis tenté de croire qu'il deviendra extrêmement grand, lorsque la physique et la physiologie de l'*OD *seront développées.* J'avoue, néanmoins, qu'il me paraît jusqu'ici encore bien resserré et peu certain. Entend-on et lit-on les magnétiseurs, ils sont certes, comme Mesmer le fut il y a déjà 88 ans, en état de guérir presque toutes les maladies. Chaque médecin, de n'importe à quelle école qu'il appartienne, s'imagine que lui et son art ont guéri le malade lorsqu'il revient à la santé. Pourquoi le médecin magnétiste n'élèverait-il pas la même prétention pour sa satisfaction personnelle ?

▲ Nous autres, nous savons bien que, parmi vingt personnes rétablies, dix-neuf l'ont été d'elles-mêmes, et *sont revenues sur leurs jambes, malgré le médecin* (1). En attendant,

---

(1) Ceci est l'avis de bien des gens sensés.

j'ai trouvé généralement comme certain, que sur chaque point du corps humain sur lequel on appuie la main, ou qu'on la meut avec conjonction hétéronome odique, *il y a un renforcement de l'activité vitale, non pas superficiel mais entrant profondément dans les organes les plus intérieurs.* Ainsi, là où il y a atonie, relaxation, on peut y amener la vitalité et surcroît d'activité. Ceci est un grand résultat commun, d'une immense portée, que les médecins éclairés sauront apprécier.

« Je tiens l'influence de l'Od sur les crampes particulièrement pour décidée ; nombre de fois, je les ai calmées, supprimées selon ma volonté et je les ai provoquées de même.

« J'ai vu opérer des médecins près de la couche des malades ; je les ai vus, à peu d'exceptions près, leur faire faire des bonds si contraires à la saine physique de l'Od, qu'il était impossible qu'il pût en sortir quelque chose d'heureux pour le malade. Qu'a-t-on pu gagner de profitable jusqu'à ce moment, sans aucune espèce de connaissance de la substance et des lois d'une force si inconnue, telle que celle de l'Od? On n'a fait que tâtonner comme l'aveugle ; *mais il est permis d'espérer ; lorsque la nature de l'Od et ses complications avec le forces de l'organisme vivant seront reconnues et que ces forces seront développées scientifiquement,* nos médecins commenceront à remplacer leurs tâtonnements actuels par un procédé rationnel en établissant des règles fixes de l'action de l'Od sur le corps humain malade, et tirer de ces faits extraordinaires quelques fruits salutaires pour l'humanité comme elle a droit de l'espérer depuis longtemps ».

Comme on vient de le voir, cette fin de lettre présente beaucoup d'intérêt, puisque ce que Reichenbach dit de l'Od, ne fait qu'un avec le fluide magnétique ; donc il n'avait aucune raison de critiquer les magnétiseurs et de leur dire que : Entend-on et lit-on les magnétiseurs, ils sont en état de guérir presque toutes les maladies !

Ceux-ci ont bien raison, puisque Reichenbach dit absolument la même chose de l'Od ; or, nous venons de le dire, Odisme et Magnétisme, c'est tout un.

Il ne nous reste plus qu'à rapprocher les travaux de MM. Chazarin et Dècle sur la Polarité de ceux de Reichenbach, c'est ce que nous allons faire.

DE LA POLARITÉ

D'après les travaux du Dr *Chazarin
et Ch. Dècle.*

C'est au mois de décembre 1885, que M. le
Dr Chazarin et M. Ch. Dècle démontraient
expérimentalement la POLARITÉ *humaine* et
Universelle, c'est-à-dire le rayonnement des
corps des trois règnes de la nature ; ce qui
expliquait l'état hypnotique dans lequel les
sujets des professeurs de Rochefort étaient
tombés, au contact de certaines substances.

Dès le mois d'août 1886, nous recevions de
MM. Chazarin et Ch. Dècle deux brochures,
dont l'une avait pour titre : *Dècouverte de la
polarité humaine.*

Ce titre, nous devons l'avouer, nous parut un
peu ambitieux, car Paracelse, Van Helmont,
Kircher, l'avaient au moins entrevue avant
nos auteurs, et Mesmer, d'Eslon et Reichenbach avaient bien et dûment constaté cette
polarité ; ce dernier surtout, comme nos lecteurs ont pu s'en convaincre au commencement de ce chapitre.

Le mérite de MM. Chazarin et Dècle, mérite qui a bien son prix, c'est d'avoir les premiers, démontrés scientifiquement cette polarité et indiqué aussi les applications qui pouvaient en être faites au magnétisme et à la thérapeutique.

Suivant le principe adopté par nous pour le présent ouvrage, nous allons formuler pour ainsi dire, quelques axiomes sur la *Polarité humaine*, d'après MM. Chazarin et Dècle.

I. — La polarité humaine réduite à sa plus simple expression consiste en ceci : un même pôle d'une pile électrique, un même pôle d'un barreau aimanté appliqués sur le même côté d'un membre, d'un tronc ou de la tête d'un sensitif, « en direction perpendiculaire » n'y détermine pas les mêmes changements d'état que sur le côté opposé : là où ce pôle contracture, l'autre pôle décontracture, et réciproquement.

II, Toute région d'un sensitif qui est contracturée par le pôle positif de la pile ou de l'aimant est dite positive ; toute région contracturée par le pôle négatif· est dit négative. — On constate ainsi que tout le côté gauche du tronc et de la tête, et le côté interne des membres sont négatifs.

III. — Non seulement chaque membre est

bi-polaire, mais les doigts et les orteils le sont
également; celle de leur face qui regarde le
côté externe du membre est positive, celle
qui regarde le côté interne est négative.

Les gauchers ont les pôles intervertis.

IV. — Toute région positive comme le pôle
positif de l'aimant (N) ou de la pile, contracture ou anesthésie une région positive; et
toute région négative comme le pôle négatif
de l'aimant (S.) ou de la pile contracture ou
anesthésie une région négative, « quand l'application en est faite perpendiculairement à
l'axe du tronc ou du membre du sujet, et cela
sans pression ni contraction de la part de
l'expérimentateur. »

V. — Les applications *isonomes* sont les
applications d'un pôle de même nom sur un
pôle de même nom du sujet; et réciproquement les applications hétéronomes désignent
les applications d'un pôle de nom contraire
sur un pôle de nom contraire du sujet.

VI. — Tous les corps peuvent produire sur
les sensitifs, mais à des degrés variables il est
vrai, les mêmes changements d'état dynamique, que ceux déterminés par les pôles de
l'aimant, de la pile, des membres humains;
les uns agissent comme pôle positif et ont par
conséquent un rayonnement positif, les autres

comme pôle négatif et ont par suite un rayonnement négatif.

VIII. — Tous les êtres vivants, hommes, animaux, végétaux et même les cristaux (ce qui prouverait en faveur d'une certaine dose vitale) tout cela possède les deux modes du rayonnement électrique: ils sont positifs par certains points de leur surface et négatifs par d'autres.

VIII. — Les végétaux sont positifs par leur sommet et négatifs par le côté opposé, celui de la racine.

IX. — Les minéraux à l'état amorphe n'ont qu'une polarité ; mais les métaux sous forme allongée sont bi-polaires.

X. — Les acides sont positifs et les oxydes ou bases négatifs (1).

XI. — La lumière, elle aussi, est polarisée, les rayons rouges sont positifs, les rayons bleus négatifs. (voir la note ci-dessous). Les rayons rouges dirigés à l'aide d'une loupe sur le côté gauche du tronc et de la tête, ou sur le côté

---

(1) M. de Rochas classe dans les corps *positifs* : le diamant, le platine, l'or, l'argent... les acides énergiques... les rayons rouges, l'oxygène.. Et dans les corps *négatifs*: le bismuth, le nickel, le soufre... les oxydes ou bases puissants, les rayons bleus ou violets, l'hydrogène.
Les états superficiels de l'hypnose, p. 8, note 2.

externe des membres, y déterminent la contracture, que font cesser les rayons bleus ou toute autre action polaire négative, et réciproquement.

XII. — Les applications *isonomes* sont contracturantes, les *héteronomes* décontracturantes, aussi les premières provoquent le sommeil nerveux, tandis que les secondes le font cesser, car tout ce qui contracture (froid, forte pression, contraction prolongée et volontaire, tout cela endort, et tout ce qui décontracture éveille, tiédeur, chaleur moyenne, certaines frictions, etc , etc.)

Enfin les applications isonomes produisent encore l'anesthésie, l'anémie locale, la diminution des forces musculaires, la répulsion, le transfert des contractures et des anesthésies.— Les applications hétéronomes ramènent la sensibilité, attirent, congestionnent, augmentent la force musculaire, elles sont donc équilibrantes et reconstituantes, mais il faut ne pas trop les prolonger, car il se produirait alors une réaction.

Voilà quelques axiomes que les magnétiseurs véritables doivent savoir par cœur, connaître sur le bout du doigt, s'ils ne veulent pas s'exposer à commettre de grandes maladresses, des malheurs mêmes, irréparables parfois.

CHAPITRE IV

DE L'OD ET DU FLUIDE ODIQUE
(*Suite*)

LETTRE HUITIÈME. — Cette lettre intitulée
« La Chimie » nous relate des expériences curieuses, pratiquées toujours à l'aide de sensitifs; ainsi Reichenbach nous dit : « Jetez dans
l'obscurité une cuillerée de sucre bien pulvé-
risé, ou de sel de cuisine décrépité dans un
verre d'eau. Dès lors, votre sensitif ne voit
que peu ou rien des deux ; mais sitôt que vous
les remuez ensemble dans l'eau, il voit l'eau
ainsi que le verre devenir lumineux. Tient-il
le verre dans la main gauche, il sent l'eau
fortement refroidie; ainsi cette simple solution développe de l'Od, elle est une source
d'Od. Introduisez un fil de fer, de cuivre, ou de

zinc, dans un bocal de verre qui contient de l'acide sulfurique étendu, tout le fil entrera dans une espèce d'incandescence, et à son extrémité supérieure sortira une lueur passablement semblable à la flamme d'une bougie, mais infiniment plus faible en puissance lumineuse. Dans le haut, elle passera en fumée avec beaucoup de fines étincelles, qui jaillissent verticalement. Le fil paraîtra beaucoup plus froid dans la main gauche qu'il l'était auparavant. La dissolution est donc également une source d'OD. Faites une eau acidulée avec une poudre aérophore (gazeuse), vous dissoudrez d'abord dans l'obscurité le bicarbonate de soude dans un demi-verre d'eau ; celle-ci deviendra de suite lumineuse. Vous dissoudrez l'acide tartrique dans un autre demi-verre d'eau, cette eau deviendra également et encore plus fortement lumineuse.

Lorsque, après quelques minutes, les deux seront rentrés dans l'obscurité, mêlez les deux solutions ensemble, instantanément le mélange deviendra très lumineux ; il paraîtra d'un froid glacial dans la main gauche, et une puissante nuée d'un clair blanchâtre s'amoncellera au-dessus du verre.

La décomposition chimique développe donc activement un OD riche...

Ainsi tout acte chimique développe de l'Od.
La chimie est une impétueuse source d'Od,qui
apparaît soudain, mais qui tarit tout aussitôt
que le jeu des affinités cesse. »

Dans la fin de la même lettre, Reichenbach
dit qu'une quantité considérable de substances
renferment de l'Od : l'éther, l'acide acétique.
le sulfate de carbone, l'ammoniaque caus-
tique,etc.Tous ces corps montrent aux sensitifs
au-dessus des bocaux ou flacons, qui les con-
tiennent « une colonne lumineuse. Les matières en fermentation et en putréfaction
montrent également une phosphorescence ;
voilà pourquoi dans les cimetières, sur les
tombes récentes, on voit des feux follets. »

Mais nous pouvons dire que, dans ce dernier
cas Reichenbach va trop loin, qu'il peut y avoir
de l'Od dans ces décompositions putrides, mais
il y a aussi des substances phosphorées.

Lettre neuvième. — Dans cette lettre, Reichenbach étudie au point de vue de l'Od, le
son et le frottement, enfin il parle de la baguette divinatoire.

En ce qui concerne le son, notre savant
autrichien nous dit : « Je voulais rechercher,
si le son n'avait pas quelque liaison avec l'Od.
Il frappa pour cela sur une cloche de verre

d'une machine pneumatique, et d'une cloche de métal, il employa comme sensitif en octobre 1851, un mécanicien du nom de Enter et chaque fois qu'il frappait sur une des cloches (verre ou métal) la lueur était d'autant plus intense que le coup était frappé plus fort ; il ajoute : « après avoir donné un coup d'archet sur un violon, non seulement les cordes, mais toute la table d'harmonie, devinrent luisants. » Et il conclut ainsi : « J'ai eu, en un mot, la satisfaction de trouver dans le son une très forte source d'OD. »

Les expériences de Keely ne prouvent-elles pas le même fait ?

Reichenbach nous apprend aussi que le frottement est une source d'Od, et que la baguette divinatoire tant décriée est bien un instrument qui aide à trouver les sources, parce que les sensitifs ressentent par elle « des effets tièdes nauséeux » ce qui leur indique qu'au-dessous de la plante de leurs pieds se trouve une source ou un courant d'eau.

Dans sa DIXIÈME LETTRE, le savant autrichien étudie le calorique, l'électricité et les corps terrestres et, dans tous, il trouve de l'OD et une lumière *odique*.

Dans la ONZIÈME LETTRE, il cite des exemples tirés du monde extérieur. L'auteur prétend

4

que beaucoup de sensitifs distinguent les métaux, les métalloïdes et toute sorte de substances placées dans leur main nue ou gantée,
rien que par le caractère odique de ces
objets.

Dans la LETTRE DOUZIÈME, Reichenbach étudie la transmissibilité et la conductibilité
odique. Tous les corps sont plus ou moins con-
ducteurs de l'Od ; et notre auteur mentionne
le fait suivant très curieux, dont nous pouvons
garantir l'exactitude, ayant vu un cas analogue
un jour d'orage à Naples.

« Cécilia Bauër, la femme d'un aubergiste de
Vienne, nous dit Reichenbach, était forte et
parfaitement saine, mais très sensitive; elle m'a
raconté avec une certaine anxiété que, quand
elle se réveille par une nuit bien sombre, où
elle ne peut rien reconnaître, elle voit toujours son mari endormi et son enfant couchés
à côté d'elle comme luisants et qu'à chaque
respiration, des nuages de vapeur luisants
s'élèvent de leur bouche. Ceci est l'haleine
chargée d'OD, que presque tous les sensitifs
voient dans l'obscurité, sourdre de leur bouche
comme la fumée de tabac. »

Dans cette même lettre, Reichenbach décrit
fort bien les allures du haut sensitif et la manière dont il se comporte; voici ces croquis

remarquables : « Il vous paraîtra aussi clair, pourquoi un haut sensitif ne peut rester dans des réunions compactes, surtout dans des salons, où les plafonds sont peu élevés. L'air y est bientôt saturé d'Od ; il devient inquiet, il étouffe, est impatient, et le plus petit motif le rend de mauvaise humeur, irritable et chagrin s'il ne peut fuir ; plus il est forcé de rester, plus il sera dérangé. Il en arrive de même aux sensitifs dans leur lit : moyennant leur propre émanations odiques, ils chargent les traversins, les couvertures et le lit, qui devient bientôt nauséeux et inquiétants ; ils se tournent et se retournent pendant toute la nuit, jettent à bas leur couverture et ne trouvent le repos que lorsqu'ils sont tout-à-fait découverts.

« Un haut sensitif est toujours un être agité, il est à la lettre *un mauvais coucheur* ; il doit l'être par nature ; il charge lui-même tous ses habits isonome-odiquement par les membres qu'ils recouvrent. Les habits et les membres chargés isonome-odiquement réagissent réciproquement les uns sur les autres par le tiède nauséeux. Le sensitif souffre donc toujours à l'état de repos et ne trouve de soulagement que dans le mouvement, par l'expulsion de l'Od dans l'air ; c'est pourquoi, il ne supporte qu'un habillement léger et que tout lui pèse. Il a un continuel besoin de changer de position et d'occupation. »

Cette DOUZIÈME LETTRE, nous apprend vers sa fin que « l'OD se laisse non seulement transporter sur tous les autres corps, mais il se laisse aussi conduire à travers les corps, qu'enfin il n'y a point d'isolants pour ce dynamide, et c'est là où git la difficulté qu il oppose à toute recherche.

Dans la TREIZIÈME LETTRE qui a pour titre : *Le Dualisme* ODIQUE, Reichenbach dit, que partout « où l'on jette son regard dans la nature, on rencontre des doubles oppositions. Elles ne manquent pas non plus sur le terrain que nous parcourons ici. »

Et la conclusion de cette lettre est celle-ci que : « La polarité odique dans le monde extérieur est constatée ; qu'en ce qui concerne l'homme, il est polarisé selon sa largeur, mais il possède encore d'autres axes odiques d'une moindre apparence : un axe longitudinal et un axe diamétral, qu'enfin l'homme et la femme se trouvent en opposition *Odo-Polaire*. »

La QUATORZIÈME LETTRE, traité *du spectre de la lumière odique, la lumière polaire de la terre.* — Nous devons avouer qu'à partir de cette lettre, Reichenbach fournit beaucoup de répétitions et peu de faits nouveaux, ce qui nous permettra d'analyser rapidement la fin du mémoire de Reichenbach, ainsi dans cette *lettre quatorzième*, nous ne parlerons que d'une boule en fer creuse d'un diamètre assez peu considérable pour permettre à un homme de l'étreindre dans ses bras, le savant autrichien nous dit : « Je la suspendis par un cordon en soie, au milieu de ma chambre obscure.

Dans son intérieur et à travers elle, je fis placer verticalement une tige de fer entourée d'un fil de cuivre sextuple, que je pouvais mettre en rapport avec un appareil de Volta, composé de zinc et de plateaux d'argent, selon Scheniec et Young.

Au moment où j'eus converti la tige en électro-aimant, mes sensitifs virent la boule suspendue, lumineuse en couleurs variées, sortir des ténèbres ; toute sa surface brillait dans la lumière de l'arc-en-ciel ; les sections de la boule vers le nord étaient bleues de pôle à pôle ; celles vers le nord-ouest étaient vertes vers l'ouest, jaunes vers le sud-ouest, jaunes rouges vers le sud, rouges vers le sud-est, rouges grises vers l'est, grises vers nord-est, rayées rouges avec retour au bleu... Il est facile de voir que par cette boule, je me proposai d'imiter un petit globe terrestre, avec un pôle nord et un pôle sud, parés des forces magnétiques qui lui appartiennent et mises à l'épreuve de la lumière odique. On remarque, en effet, que les résultats ressemblent d'une manière étonnante à ceux de la lumière boréale et à ceux du pôle sud de notre planète. »

Dans la QUINZIÈME LETTRE : *Le magnétisme terrestre et l'Od terrestre*, son auteur nous indique diverses situations ou positions dans lesquelles ne sauraient dormir des sensitifs ; il nous dit qu'à cause de ce fait certains marins n'ont nullement besoin du compas à bord pour s'orienter, que, par exemple, M. Philippi, un ingénieur major, « se tournait simplement debout sur lui-même, et sentait tout aussitôt distinctement, où se trouvait l'ouest et le nord. »

Enfin dans la LETTRE SEIZIÈME et dernière, Reichenbach traite de la *vitesse conductrice, du rayonnement de la portée odique, de l'odoscope* et *de l'étymologie du mot* OD, nous avons donné précédemment cette étymologie. — Nous devons dire que l'auteur a l'air de confondre *l'aura* de l'individu avec l'atmosphère odique. Il est vrai qu'il appelle ainsi ce que l'on nomme *aura*, comme le lecteur peut le

voir par les lignes suivantes : « cette atmosphère odique que chacun a autour de lui, qui
émane de chaque individu vivant, n'est pas
toujours tout à fait semblable : elle diffère un
peu chez chacun. »

Enfin Reichenbach termine cette lettre, en
disant, que si le *fluide odique* a totalement
échappé à la science, c'est qu'on n'a pu trouver
ni un ODOSCOPE *général*, ni un ODOMÈTRE pour
mesurer l'intensité du fluide, que lui-même a
échoué dans la construction d'un de ces appareils parce que « l'OD a de sa nature, la puissance de pénétrer toutes les substances et
tous les espaces, et de ne s'accumuler ni se
condenser dans une perceptibilité générale. »

Disons en terminant, ce qui concerne le
fluide odique, que les lettres de Reichenbach,
sont suivies d'*observations médicales, métaphysiques* et *spiritualistes*, d'Alphonse Cahagnet, qui forment nn commentaire intéressant aux Lettres *Odiques-Magnétiques* du chevalier de Reichenbach.

CHAPITRE V

DE L'ASTRAL ET DU FLUIDE ASTRAL

D'après les travaux de M. DE BODISCO *et des travaux personnels* de l'AUTEUR.

Le fluide astral condensé en corps astral est une des grandes forces de la nature. Il est très abondant, parce que tous les corps émanent de ce fluide. C'est le fluide astral qui permet les matérialisations des corps des êtres morts ou vivants ; il produit donc le double humain.

L'astral est le lien physique, bien qu'en partie immatériel, qui relie le monde matériel ou physique avec le monde immatériel ou invisible, spirituel.

Jusque dans ces dernières années bien peu de personnes se doutaient de cette force, qui existe cependant depuis l'origine du monde, puisque la nature entière ne vit que par ce fluide.

M. de Bodisco a le mérite d'avoir presque le premier formulé à nouveau de nos jours la doctrine astrale, et il l'a formulée d'une manière concise et véritable, après de longues et sérieuses expériences qu'il a consignées dans un livre remarquable qui a pour titre : TRAITS DE LUMIÈRE (1).

Comme les faits qu'il raconte peuvent paraître faux ou exagérés, M. de Bodisco, dont la saine raison ne saurait cependant être suspectée a poussé le scrupule jusqu'à se faire délivrer un certificat de *bon sens* par M. Bertveson, docteur de l'hôpital militaire Nicolas, de S. A. I. Mme la Grande Duchesse Marie-Alexandrowna, duchesse d'Edimbourg ; c'était là une pièce tout à fait superflue.

Nous, qui ne sommes nullement docteur, mais qui depuis trente ans étudions le sujet, nous pouvons affirmer que tout ce qu'annonce dans son livre, M. de Bodisco est marqué au coin de la plus parfaite sincérité et vrai en tous points.

(1) TRAITS DE LUMIÈRE, *preuves matérielles de l'existence de la vie future*; spiritisme expérimental au point de vue scientifique, orné de 3 pl. hors texte et une préface de Papus. — Paris, Chamuel éditeur, 1892.

M. de Bodisco a obtenu en pleine lumière tous les effets physiques, qu'obtiennent les spirites avec les médiums, mais généralement dans l'obscurité; écriture mécanique au moyen de coups frappés, écritures directes, comme avec le médium Eglington, coups, bruits, soulèvements de meubles, froissement de papiers, lévitation, apparitions répétées d'une main fluidique, parcourant la table avec une extrême vitesse et causant par son approche près de la figure des personnes une sensation de chaleur. Cette main se soulève et disparaît en montant graduellement dans la direction d'un des angles du plafond.

« Apparition au mur de noms et de phrases en lettres lumineuses ».

« A ma demande, nous dit l'auteur, ces lettres changent de dimensions et deviennent tantôt petites, tantôt grandes.

« Feux follets imitant les papillons Japonais, points lumineux et auréoles paraissant et disparaissant.

« Apparition d'une belle croix lumineuse, tantôt petite, tantôt grande. Quand cette croix passe par dessus la tête, elle produit un sentiment de vénération et de torpeur ». (Page 30).

M. de Bodisco a obtenu également des dessins : « Un dessin d'une tiare papale, avec des éclaboussures de sang, avec une tache de sang au-dessous signé de la lettre **A**, et le papier brûlé autour. — Tout ce dessin a été exécuté instantanément sur un papier que je tenais sous la main, marqué d'avance d'un signe que, seul, je connaissais. Trois coups sont frappés ; je retourne le papier et je trouve au-dessous en vieux français la réponse à la question, que je venais de faire, ainsi conçue :

« Vous voulez savoir mon nom ? Voici mon emblème. » (Page 41).

M. de Bodisco a obtenu aussi le paysage d'un château au crayon bleu, ainsi que le portrait du propriétaire de ce château. Ce portrait « est signé *Edouard à la plume bleue* » et notre auteur Russe nous apprend que : « Edouard était un chevalier du temps de Georges d'Angleterre » (Page 41).

Nous ajouterons que le portrait d'Edouard donné en fac-simile, est d'un dessin fort correct et d'un très hardi coup de crayon. — Nous n'insisterons pas plus longuement, sur cet ouvrage extrèmement intéressant et nous dirons en terminant que nous sommes loin de partager toutes les théories et déductions que nous fournit le résumé scientifique du livre. Voici cependant quelques idées formulées en axiomes que nous avons résumées parce que nous les partageons depuis longtemps, en très grande partie, du moins :

I. — L'espace est rempli de fluide astral, émanant de tous les corps, nous l'avons déjà dit au début de ce chapitre.

II. — Le fluide astral dans le corps humain constitue dans la personne même, le degré de sa force médianimique passive ou active. Ces deux forces sont nécessaires pour pouvoir produire des démonstrations spirites, et seulement à de rares exceptions, elles se concentrent dans la même personne.

III. — La force médianimique passive se traduit par des trances. (1)

IV. — Confirmation que le fluide astral s'emmagasine dans le grand sympathique du corps humain.

V. — Le fluide astral dans l'obscurité se condense en nuages vaporeux et devient visible à l'œil ; à la lumière, il se diffuse.

VI. — L'action de la force médianimique active agissant sur la force médianimique passive fait émaner du corps humain le fluide

---

(1) Dans cette acception, on doit écrire trance par un c pour distinguer ce terme du mot vulgaire transe qui signifie, crainte, frayeur.

astral, indispensable pour la réussite des expériences spiritiques.

VII. — L'émanation du fluide astral fait baisser sensiblement la température du corps. La chaîne faite avec les mains facilite l'émanation du fluide.

VIII. — Le fluide astral condensé en corps astral est le plus important de tous les corps, qui existent dans la nature, étant le corps du *soi* éternel, en même temps que le corps impérissable des *moi* temporels de chaque existence humaine de la même personne.

Ce corps est l'unique lien par lequel le monde invisible peut se révéler, aux sens des mortels.

IX. — L'émanation consciente ou inconsciente du fluide astral excitée physiquement par la science ou par des passes, mais sans amour et sans foi, produit le Magnétisme animal, suivi des états profonds de l'hypnose, etc., etc., (p. 107 à 110).

Tout ce qui précède est fort juste, seulement M. Bodisco a le tort de se croire l'inventeur de tous les faits qu'il a expérimentés, d'autres personnes, avant lui, avaient étudié l'astral, comme on va le voir; nous ajouterons que ce qui nous surprend en occultisme, ce que quantité de braves gens, la plupart de nos contemporains, pourrions-nous dire, se figurent que tous les faits psychiques : hypnose, suggestion, envoûtement, incarnations, matérialisations, lévitation, apparitions, télépathie, etc., que tout cela est né à notre époque. Or, non seulement ces phénomènes ont existé dès la plus haute antiquité, mais dès le XVIe siècle, des savants tels que Van-Helmont, par exemple, en ont donné une théorie fort juste.

Et un peu avant celui-ci et ses prédécesseurs immédiats, est-ce que le grand Paracelse, cet homme au génie intuitif, n'avait pas défini le corps astral et ses propriétés, il le nommait seulement en latin *Evestrum*, comme on peut le voir par les lignes suivantes :

LE CORPS ASTRAL D'APRÈS PARACELSE

Paracelse nomme le fluide astral, *Evestrum*, mais il lui donne un sens un peu différent de ce que nous avons vu. Voici comment il s'exprime à ce sujet : « Si nous voulons parler de l'*Evestrum* sous son double aspect (mortel et immortel), nous dirons que chaque chose a son *Evestrum*, que l'on pourrait comparer à l'ombre que projette un objet sur un mur. L'evestrum naît avec le corps, croît avec lui et lui reste attaché aussi longtemps que la moindre particule de matière existe encore.

Chaque chose qu'elle soit visible ou invisible qu'elle appartienne à la matière ou à l'âme possède son *Evestrum*. *Trarames* est le pouvoir invisible qui se manifeste au moment où les sens intimes (perception intérieure) commencent à se développer dans l'homme.

L'*Evestrum* porte, imprimés en lui, les événements futurs et procure ainsi les visions et les apparitions, mais le *Trarames* produit une exaltation des sens (1).

Les sages seuls peuvent comprendre la véritable nature de l'*Evestrum* et du *Trarasmes*, le premier agit sur les sens de la vue (*aara* pour nous) le second sur les sens de l'ouïe (magnétisme, électricité, télépathie etc.

L'*Evestrum* occasionne des rêves prophétiques, tandis que le *Trarames* communique avec l'homme en lui faisant entendre des voix ou résonner de la musique ou des sons à son oreille intérieure, (clairaudience).

. . . .

Quand un enfant naît, il porte avec lui un *Evestrum* constitué de telle sorte, qu'on peut y lire à l'avance les actes et les événements

---

(1) Ne pourrait-on pas aussi reconnaître ici le fluide magnétique, puisque *Trarames* est en relation avec l'homme astral.

futurs de la vie de l'enfant devenu grand. Si
cet individu est sur le point de mourir, son
Evestrum peut indiquer l'approche de la mort,
soit par les coups frappés, des bruits inusités,
par le mouvement des meubles, etc., etc.

L'*Evestrum* de l'homme né avec lui reste
après la mort de l'individu dans la sphère terrestre, il est relié sympathiquement à la
partie immortelle de l'individu; il peut donc
jusqu'à un certain point, et dans des conditions particulières, révéler l'état d'âme de la
personne à laquelle il a appartenu.

Ces *Evestra* ne sont donc pas l'âme des morts
errants dans l'espace, ils ne sont, pour ainsi
dire, que le double éthéré des individus auxquels ils ont appartenu ; ils demeurent sur la
terre jusqu'à la dernière oxydation ou destruction des cellules du corps physique. — Il
y a lieu ensuite de distinguer divers *Evestra* :
l'*Evestrum propheticum*, l'*Evestrum mysteriale*. — Le premier est pour ainsi dire l'avant-
coureur des événements qui s'accomplissent
dans le monde, car il ne faut pas oublier que
l'*Evestrum* tire son origine de l'activité collec-
tive de l'Univers, aussi l'initié qui comprend
la véritable nature des *Evestra prophetica* est
un voyant, un inspiré.

Le bien et le mal ont chacun leur *Evestrum*

mysteriale, à l'aide desquels, on peut reconnaître leur existence et leur attribut. Celui du bien révèle tout ce qui est beau, et tout ce qui est bien, il peut illuminer les esprits ; on peut par l'*Evestrum* du mal prédire les maux futurs qui désoleront le monde, il répand demême sa funeste influence sur ce même monde.

Enfin, si nous nous en rapportons à Paracelse, le corps astral est plus actif chez l'homme endormi que chez l'homme éveillé, c'est pourquoi l'homme peut avoir des rêves prophétiques. Il nous dit que c'est pour cela que les patriarches et les saints préféraient à tout autre ce mode de divination, mais il a soin d'ajouter que tous les rêves ne sont pas prophétiques.

Pour résumer en quelques lignes ce qui précède et ce qui va suivre sur le *Corps astral,* nous dirons qu'il est le double parfait de notre corps, il se moule même pour ainsi dire sur celui-ci. Tout ce qui est sur la terre contient donc ce double éthéré. Après la mort il subsiste encore, possédant même toutes les sensations, toutes les appétences de l'ancien corps, dont il n'est que l'essence, il est seulement privé des organes de la vie, des organes d'activité.

Le corps astral pendant la vie de l'homme est en lui et en dehors de lui. C'est cette faculté qui a fait dire du corps astral qu'il était doué de la quatrième dimension. Le corps astral rayonne pour ainsi dire autour de l'homme, ce rayonnement est une sorte d'émanation fluidique.

C'est par une forte concentration de sa valonté que l'homme peut projeter en dehors de lui son corps fluidique ou corps astral, du moins en partie, car s'il le projetait entièrement ce serait la mort. — L'homme peut donc apparaître fluidiquement (en corps astral) à une grande distance de son corps. Il peut même se matérialiser, c'est-à-dire apparaître avec le corps physique, et dès lors il possède, jusqu'à un certain point, toutes les propriétés du corps véritable.

Beaucoup de personnes qui de leur vivant n'ont jamais projeté leur corps astral, le projetent d'une manière inconsciente à l'article de la mort ; de là les apparitions constatées de personnes auprès de leur parents ou de leur amis. Apparitions fréquemment relatées dans les livres.

Le corps astral veille perpétuellement sur le corps réel. Un bon magnétiseur a le pouvoir d'extérioriser le corps astral chez son sujet. L'hypnotisé dès lors devient la chose du magnétiseur qui le fait agir à sa guise ; il peut même en traçant un cercle sur le sol enfermer le corps astral dans ledit cercle.

Revenant aux travaux de M. de Bodisco, nous dirons qu'il a publié encore le compte-rendu suivant d'une expérience, au cours de laquelle il lui a été permis de voir le corps astral (1).

« Il y a cinq ans que je m'adonne à l'étude de la psychologie expérimentale, et je viens aujourd'hui communiquer le fruit de mes recherches aux personnes qui s'intéressent à ces sortes d'expériences.

« Les résultats que j'ai obtenus sont depuis longtemps considérés comme probables, mais leur réalisation faisait défaut (2).

« L'expérience a été exécutée en compagnie de personnes qui professaient mutuellement

---

(1) Cet article a paru dans le journal *Le Rébus* publié à Pétersbourg, la traduction que nous en avons donnée a paru dans la *Revue Spirite* (n° 3, mars 1893) et dans l'*Initation.*

(2) Pas pour tout le monde, comme le lecteur a pu le voir déjà, et le verra encore quelques pages plus loin par la lettre que nous avons adressée au Directeur de la *Revue Spirite,* dans laquelle nous avons lu la communication ici mentionnée.

E. P.

la confiance la plus complète ; d'ailleurs, une fraude quelconque eût été impossible, matériellement, attendu que l'observation a duré *deux heures* dans une chambre parfaitement *claire*, bien qu'elle ne fût éclairée que par le corps astral, un corps qui non-seulement n'est pas encore étudié, mais méconnu par les sciences expérimentales (1).

« Dans mon livre « *Traits de lumière* » (2) publié à Paris, je parle de ce corps comme étant la matière essentielle dans la nature ; elle constitue la liaison *entre le monde visible et le monde indivisible.*

« Obtenir ce corps et l'examiner, c'était mon rêve intime ; je suis convaincu que la connaissance des lois auxquelles ce corps est soumis produira une immense révolution morale dans la vie des peuples.

« Le 5 août 1892, à Tsarskoïé-Sélo (près Saint-Pétersbourg), cinq personnes se réunirent dans une chambre non éclairée ; deux des as-

---

(1) L'auteur commet ici une grave erreur, le corps astral est connu de toute antiquité, il a eu même des noms très divers, comme nous venons de le voir. — Cf. aussi quelques pages plus loin, notre lettre au Directeur de la *Revue Spirite* et au Directeur du *Moniteur Spirite et Magnétique* de Bruxelles.

(2) Voir la note ci-dessus.

sistants tombèrent dans une trance profonde, à la suite d'une simple application de mains, sans que l'on ait eu recours à des passes, quelques minutes après, nous aperçûmes une tache lumineuse qui devenait de plus en plus brillante, et enveloppait la main droite de l'un des dormants (dormeurs) :

« A travers cette matière, qui avait beaucoup de réssemblance à un monceau de neige enlevé de dessus la glace, à la teinte bleuâtre, on apercevait la main du sujet, et cette matière semblait sortir de sa paume ; elle dégageait une lumière qui éclairait les objets environnants. La main, glissant sur la table, s'approcha du crayon ; ce dernier, illuminé d'une vive lueur, fut enveloppé de la matière et se mit à produire des frappements et à écrire, indépendamment de la main, qui continuait à luire tout le temps. Tout à coup, le sujet prononça ces paroles, sans sortir de l'état de trance : « C'est le corps astral. Vous avez été témoins de sa *force attractive* ».

« La matière abandonna le crayon qu'elle retenait et augmenta considérablement en volume. Alors le sujet, ayant écarté une partie de cette matière floconneuse et impondérable, en mit une pelote dans ma main droite, plaçant dans ma main gauche une espèce de

5.

corps dur et lourd, de couleur blanche (1), qui s'était formé sous mes regards.

« La voix de la personne endormie me dit :
« Dans ta main droite, tu tiens du fluide astral, dans ta gauche, une pierre qui est de la *matière astrale condensée*. Tu tiens cette partie *immatérielle du corps humain qui est indestructible, avec laquelle le monde matériel a été créé*. Ce que tu tiens est inséparablement lié avec ce que je garde auprès de moi; mais tu ne t'en aperçois pas; à tes yeux ces deux choses sont séparées ».

« Je continuais à tenir ces corps avec une attention soutenue, quand, subitement, je ressentis une assez forte chaleur se dégager de la pierre que je tenais; je vis en même temps qu'elle perdait son pouvoir éclairant et devenait terne, le sujet endormi prit ces objets de mes mains, posa la pierre sur la table effleurant ma tête et mon visage de la matière floconneuse, ce qui me produisit la sensation de contact de l'étoffe tulle, très

---

(1) La couleur de ce corps dur et lourd est variable, nous dirons même que, dans la même séance de matérialisations, les spectateurs voient la condensation de la matière astrale, et cela au même instant, de couleurs diverses.   E. B.

fine (1). Le sujet rassembla ensuite avec ses mains, toute cette matière qui se fondit en une masse, comme du vif argent; il y mit la pierre et me présenta le tout devant les yeux.

« J'examinai ce corps merveilleux au moins pendant cinq minutes, *avec la plus grande attention* ; je le palpai, le soulevai, admirai la transparence et la finesse des tissus flamboyants ; je fus témoin du décroissement de ce corps avec la diminution de lumière et sa disparition.

« J'allumai alors une bougie et m'assurai que les deux sujets étaient encore en pleine trance. Ils n'en sortirent qu'au moyen de passes. L'expérience avait duré plus d'une heure.

« Après le thé, comme nous avions encore du temps jusqu'au départ du dernier train, j'exprimai le désir de répéter cette expérience, si intéressante.

« Nous nous plaçâmes à la table et, au bout de deux minutes, l'un des sujets était plongé dans une profonde trance; il se leva, puis

---

(1) Ceci dépend du fluide fourni par le médium à l'aide duquel la matérialisation de l'astral a pu se produire.

E. B.

s'assit derrière le rideau et nous pria d'allu-
mer une lampe au magnésium.

« La lumière subite nous fit fermer les
yeux ; lorsque nous les ouvrîmes, nous aperçûmes le sujet étendu sur le fauteuil, et recou-
vert jusqu'à la taille, de ce merveilleux tissu
lumineux, qui répandait dans la chambre
comme un clair de lune enchanteur, rendant
tous les objets visibles.

« Le sujet en trance quitta le fauteuil, rassembla lentement ce miraculeux voile au-dessus de sa tête, s'approcha de la table et enve-
loppa de cette matière tous les assistants, à
tour de rôle.

« Trois d'entre nous, ont vu et entendu ce
qui s'était passé ; ils peuvent confirmer l'exactitude de mon récit. La quatrième personne
ne fut éveillée que durant la seconde moitié
de la séance seulement, et ne peut par conséquent, témoigner que d'une partie de cette
expérience.   « K. DE BODISCO. »

Après avoir pris connaissance de l'article
qui précède, nous avons jugé à propos de ne
pas le laisser passer sans protestations, d'autant qu'à ce moment-là, un tas de farceurs et
de fumistes se moquaient d'une façon grotes-
que des faits psychiques, parfaitement admis

aujourd'hui par la science, aussi écrivîmes-
nous *illico* la lettre suivante au Directeur de
la *Revue*. D'après cette lettre, on verra que la
grande découverte, faite par M. Bodisco était
connue de toute antiquité, et avait été expé-
rimentée et vue par nous DIX-SEPT ans avant
le savant Russe.

Voici la lettre parue dans le n° 4, avril, 1893
de la *Revue spirite* :

« Mon cher ami,

« Permettez-moi de vous dire que vous de-
vriez laisser tranquilles, le *Petit Journal*,
Francisque Sarcey *et tutti quanti*.

« Vous ne voyez pas que tout ce tapage fait
contre le Spiritisme, au moment où tous les
hommes de science sont obligés d'en reconnaître les effets, vous ne voyez pas, dis-je, que
tout cela, c'est de la publicité indirecte qu'on
vous demande.

« Laissez donc tranquilles tous les fumistes,
ne vous occupez jamais de leurs faits et gestes
et poursuivez votre œuvre.

« Je profite de l'occasion pour vous dire aussi
que tout ce qu'annonce l'article des expériences de M. de Bodisco, vous et moi l'avons vu
et constaté, il y a dix-sept ou dix-huit ans,

(1) Compatriotes de M. de Bodisco. Williams donna

chez M. et Mme de Vay à Paris (1) dans diverses-séances avec Williams, le médium anglais de John King. — Procès-verbal a été dressé en temps et lieu et a paru dans la *Revue Spirite.*

« Et moi-même, est-ce que dans *Isis dévoilée* en divers passages, et notamment page 179, je n'ai pas écrit :

« L'âme humaine, bien des personnes le savent aujourd'hui, est composée, formée d'*aither* ou substance primordiale ·(*akasa*), sorte d'électricité qui éclaire et qui réchauffe ; de tôut temps les Initiés ont connu ce fait, que l'âme, dans certaines circonstances, peut se montrer, se mouvoir sous la forme d'une boule ou plutôt d'un disque lumineux, etc. »

Or, j'ai tenu dans ma main l'âme ou *corps astral* du médium de *John King*, je l'ai vu se dissoudre et se dissiper sur ma main. Je l'ai vue à mon commandement *mental, penser*, monter, descendre, entrer par l'angle d'une pièce et sortir par un autre, traverser les murs et

---

deux ou trois séances, nous assistâmes à deux. Parmi les personnes présentes à nos réunions, je mentionnerai : MM^{mes} de Vay, Cougnard, Bosc ; MM. de Vay Gladstanes, Leymarie, Colonel de Voluet, Pierre Mazaroz, et un jeune Russe dont nous avons oublié le nom. Les séances avaient lieu aux Champs-Elysées, dans l'appartement de M. de Vay, ancien conseiller d'État de l'Empereur de Russie.

revenir. Donc M. de Bodisco est arrivé à voir aujourd'hui, ce que j'ai vu et ce que nous avons vu, il y a dix-huit ans, et ce que connaissaient et avaient vu les Egyptiens, il y a des milliers et des milliers d'années (il y à 8.000 à 12,000 ans).

« Je m'arrête ici pour aujourd'hui, sauf à revenir ultérieurement sur ce sujet intéressant.

« Croyez à ma bonne et vieille amitié.

« Nice, le 6 m ar s 1893,

« ERNEST BOSC. (J. MARCUS DE VÉZE) ».

Précisément, quelques mois plus tard, une des personnes qui assistaient à l'une des séances dont il est ci-dessus question, M. H. Gladstanes, avait écrit dans un journal anglais ce qui suit ; nous le donnons d'après la traduction faite par le *Moniteur Spirite et Magnétique*, de Bruxelles (1), par l'entremise duquel, nous avons appris la chose. Voici le passage en question :

« C'est ainsi, par exemple, qu'un M. J. H. Gladstanes a raconté dans le *Médium and Day break*, que lorsqu'en 1875, il vit à Paris le médium Williams, lui et d'autres personnes furent surpris qu'à l'apparition de « John King », qui

(1) N° 6, 17ᵉ année, (15 juin 1893).

se montrait toujours vêtu de blanc, le vêtement noir du médium apparaissait à travers le
vêtement blanc « de John King », alors qu'on
pouvait entendre la respiration lourde du
médium en trance, qui se trouvait derrière le
rideau, et que dans la chambre très éclairée
où se faisait la matérialisation, on pouvait voir
l'œil noir et vif de « John King ».

« Comment se fait-il que le vêtement noir
du médium paraissait à jour? Les esprits expliquent bien que ces matérialisations se produisent à l'aide des parties moléculaires du
médium, mais on se demande si les parties
physiques ou matérielles des vêtements terrestres peuvent être séparées et rejointes ensuite. — Il semble presque que cela soit (1).

« Et si (comme cela a eu lieu avec Miss Cook),
l'esprit permet de vérifier sa bouche pour se
convaincre que ses dents sont vraiment des
dents matérialisées, et si elle ajoute qu'il peut
faire aussi sa bouche dépourvue de dents,
mais qu'il serait plus facile de matérialiser les
dents parce que le médium (Miss Cook) possède toutes ses dents, — n'en est-il pas en
même temps démontré, que les organes du

---

(1) Très certainement, par le fluide astral, les corps
physiques peuvent être agrégés et désagrégés.

E. B.

médium doivent coopérer pour produire la matérialisation. »

Mais oui, ceci est très certain, nous ajoutons même qu'au moyen du fluide astral, on peut amalgamer la matière de façon à pouvoir avec une tasse de porcelaine, en produire un grand nombre; mais il faut pour cela avoir la première physiquement constituée.

Nous reprenons le récit du *Moniteur* de Bruxelles :

« Dans une des séances tenues à Londres avec le médium Williams, on parlait beaucoup de « démasquer ». Pendant que tout marchait comme d'habitude, « John King » disparut soudain, et M. J. H. Gladstanes demanda à l'esprit « Pierre » ce qui était arrivé (1). Celui-ci répondit que quelqu'un avait voulu saisir le vêtement de John King. Si donc « John King » n'avait pas senti que l'on en mettait la main sur son vêtement, on aurait probablement, d'après l'expérience que l'on a jusqu'ici, saisi le médium qui cependant se trouvait en trance, et qui à son réveil se plaignait de fortes douleurs

(1) L'esprit Pierre était le guide, l'esprit familier de M. Gladstanes, pendant une des séances une dame médium l'a dépeint parfaitement.

dans le côté. En retournant chez lui, il eut une syncope en pleine rue.

« Les expériences que l'on a faites avec le médium docteur Moke prouvent également qu'il doit exister entre le guide spirituel et le médium un rapport très étroit. On a remarqué un jour qu'un Esprit Egyptien se développait lentement du corps du médium. Cet Esprit circulait alors parmi la chambre, en regardant les meubles, et lorsqu'il prit un petit morceau de charbon du bac placé près du foyer, on vit le même morceau dans la main du médium qui se trouvait dans une autre chambre. Et quand l'Esprit buvait un verre d'eau, le médium crachait l'eau immédiatement.

« Dans une autre séance qui eut lieu, il y a quelques années, avec M. Eglington, le rideau derrière lequel ce médium était assis, s'écartait un peu de côté, et l'on vit alors celui-ci éloigné de sa chaise, couvert de draperies. Cela devait naturellement paraître suspect, mais on a vu la même chose avec le médium Miss Gregory qui fut couverte de draperies blanches à la vue de tous les assistants et pendant qu'elle était assise sur le canapé.

« On voit par là qu'il faut être très prudent quand on veut faire la chasse à la supercherie. »

Après avoir pris connaissance de l'article qui précède nous avons adressé immédiatement, de Tours où nous étions, une communication au Directeur du *Moniteur Spirite et Magnétique* (1) dont nous ne donnons ici que la fin.

A PROPOS DE JOHN KING
ET DE SON MÉDIUM WILLIAMS

« Cette soirée eut lieu aux Champs-Elysées, chez un de nos amis russes M. de Vay : j'étais un des assistants à cette séance, et je puis garantir l'exactitude de ce qui précède, mais je dois ajouter qu'une fois le rideau écarté, la chambre, sorte d'alcôve, où se trouvait le médium, n'était éclairée que par l'*astral* de celui-ci, c'est-à-dire par une sorte de forte lentille éclairante que John King portait sur sa main qu'il promenait alternativement de sa figure à celle du médium Williams, allongé et endormi sur un canapé; ce dernier même suait à grosses gouttes. C'est cette forte lueur qui m'a permis d'expliquer ce que je crois être l'âme humaine, en tant que forme semi-matérielle, ou du moins matérialisée.

« J'ai voulu tenir cette sorte de petite lampe dans ma main, et ayant fait part de mon désir

(1) N° 7, 15 juillet, 1893.

à John King, celui-ci, assez méfiant, ne me livra l'astral de son médium qu'après avoir demandé à M. Gladstanes, en qui il paraissait avoir grande confiance, s'il pouvait me confier ce précieux dépôt. Sur la réponse affirmative de M. Gladstanes qui lui dit à haute voix : « Vous pouvez avoir confiance en M. Bosc » John King me fit parvenir cette condensation de fluide que, faute de mieux, je dénomme une *petite lampe*, puisqu'elle en remplissait la fonction dans la séance.

« Voici ce que j'ai éprouvé en sentant cet objet dans le creux de ma main :

« 1° De la chaleur (d'autres personnes ont éprouvé une sensation de froid) (1).

« 2° L'ayant légèrement gratté avec l'ongle, j'ai éprouvé la dureté d'un corps résistant analogue à de la corne ; ce corps était d'un vert pâle, très brillant, de forme lenticulaire mesurant six à huit centimètres de diamètre sur quatre d'épaisseur.

« A mon commandement mental, « ce corps s'est élevé de dessus ma main, s'est dissous, s'est reconstitué instantanément, puis est sorti par l'angle gauche de l'alcôve et a reparu par l'angle droit ».

_____

(1) Ceci, c'est une question de fluide (Od positif ou Od négatif). Voir ci-dessus page 32 et suivantes.

« Il a exécuté, en un mot, tout ce que j'avais désiré dans mon cerveau, car je ne prononçais pas une parole.

« J'ajouterai que John King avait bien raison de se méfier de certaines personnes, car beaucoup de gens qui ne sont nullement au courant des choses occultes, n'assistent à de pareilles séances que pour tenter des expériences, les plus dangereuses parfois pour le médium, expériences qui peuvent même amener sa mort.

« Voilà pourquoi il ne faut jamais exécuter ce genre d'expériences à manifestations physiques que devant des occultistes, connaissant la science.

Dans les récits qui précèdent, il a été question de nuages floconneux ayant l'aspect de tissus de gaze ou de tulle, ces termes ne sont pas tout à fait exacts, car les nuages et vapeur condensés de l'astral font au toucher l'effet d'une toile d'araignée ou d'un morceau d'amadou léger, c'est-à-dire mince, mais d'une assez grande résistance, puisque, avec l'index de la main droite, nous avons essayé, mais en vain, de percer ce genre de tissu.

Une Eau-forte célèbre du peintre James Tissot nous fait voir une double matérialisation fort bien réussie et peinte *de visu*, bien que de souvenir, c'est absolument comme si elle avait été exécutée d'après nature.

On voit dans cette gravure une mignonne petite femme, Ketey, et Joé, l'esprit familier ou protecteur du médium Eglington, enveloppés tous deux d'étoffes aux plis longs et soyeux, le tout éclairé par l'astral du médium, que Ketey porte dans sa main ; M. Eglington ne figure pas dans la gravure.

CHAPITRE VI

L'HYPNOTISME. — SA GENÈSE

De l'hypnose et de ses divers états

Nous pourrions commencer ce chapitre par le petit speach que prononce dans les « *Contes d'un Kalife impie* » Barrachias-Hassan-Ogla, un sage arabe.

Voici ce petit speach fort sensé ma foi :
« Prends garde, ô mon fils, prends bien
garde à l'infatuation; de tous les travers, c'est
de beaucoup le plus dangereux à cause de
l'agréable et suave ivresse qu'il procure.
C'est bien de profiter de sa propre sagesse,
mais on doit de même respecter la sagesse de
ses pères. O mon cher enfant, souviens-toi
que le flambeau de la vérité d'Allah péné-
trera plus souvent dans une cervelle vide que
dans celle qui est bourrée de science, à tel
point qu'il n'y a plus de place pour y faire
pénétrer un rayon argenté de la vérité. »

C'est bien là, la cervelle de nos savants; mais
n'insistons pas et arrivons à l'hypnotisme.

C'est dans la séance du 13 février 1882 que
le docteur Charcot affirma pour la première
fois qu'il y avait, en dehors du sommeil ordinaire, sommeil nerveux.

C'est de ce jour-là que le magnétisme, étudié
par Mesmer depuis plus d'un siècle (1775), fut
pour ainsi dire officiellement reconnu, mais
le docteur Charcot lui maintint le nom assez
récent qu'il porte d'HYPNOTISME, pour ne pas
être confondu avec un Mesmer. Il déclara en
même temps que l'hypnotisme ne se révélait
d'une manière claire et précise que chez les
hystériques seuls, c'est-à-dire chez de graves

malades. Donc pas de somnambules, pas de médiums, pas de sensitifs en dehors des hystériques ; c'est bien entendu !

Nous avons fait du chemin depuis ce temps à la fois si proche et si éloigné de nous par les grands résultats obtenus.

Nous n'ignorons pas, en effet, que si chez les hystériques l'hypnotisme apparaît sous une forme brutale, *excentrique*, c'est-à-dire très exagérée, en un mot, d'une façon absolument pathologique ; il apparaît, au contraire, sous sa véritable forme, sous sa forme physiologique et normale chez les sujets, sains, vigoureux et bien portants.

Nous savons aujourd'hui, à n'en pas douter, par des milliers et des milliers d'expériences, que c'est seulement chez les sujets sains que l'hypnotisme revêt sa forme normale, que c'est donc chez ces sujets seuls, et non chez les névropathes, qu'il faut l'étudier scientifiquement.

La caricature d'un homme n'est pas son portrait, pas plus que l'hystérie n'est l'hypnose. Si nous insistons sur ce point, c'est qu'on a beaucoup trop abusé de la Salpêtrière pour faire des expériences hypnotiques fort curieuses, très recréatives même, mais nullement scientifiques ; on y a paradé, on y a fait le saut du tremplin, de la magie noire, de tout enfin, sauf de la science, car celle-ci, beaucoup plus modeste, ne fait pas autant de bruit.

En ce qui concerne la véritable genèse de l'hypnotisme, elle est bien simple ; la voici en quelques mots : Un savant allemand, Mesmer, expulsé de Vienne, comme professant des théories subversives et perturbatrices de l'ordre existant, vint s'établir à Paris, qui était alors, comme toujours, le seul refuge où les hommes de progrès et de valeur pouvaient développer librement leurs idées et leurs théories.

Certes, Mesmer trouva des partisans, mais il rencontra aussi beaucoup de détracteurs. Sa formule était alors trop générale, elle embrassait à la fois les corps célestes, la terre et les êtres animés. Mais comme tous les inventeurs, après la première incubation, il ramena sa doctrine à cette simple formule : c'est que l'aimant appliqué sur certaines parties du corps humain peut opérer la guérison des maladies qui affligent l'humanité, et il l'expliquait ce résultat par le passage du Fluide Universel à travers l'économie animale, fluide que l'homme pouvait provoquer par certaines passes faites avec les mains ; telle a été l'origine de la méthode que son inventeur dénomma: MAGNÉTISME ANIMAL.

Ajoutons bien vite, qu'en somme, Mesmer n'avait rien inventé, car sa méthode était vieille comme le monde, mais il eut le talent de la formuler en corps de doctrine et d'attirer le premier l'attention sur ses effets remarquables et inciter par là à de nouvelles recherches,

Après Mesmer, d'Eslon, Puységur, puis l'abbé Faria et Lafontaine; de ces trois derniers le premier détermina le sommeil nerveux par son regard, le second découvrit la suggestion. Quant au troisième, Lafontaine, il fut un vulgarisateur, comme Pickmann, Donato, Hansen, Lauri-Alli et tant d'autres. C'est Lafontaine qui créa Braid et le *Braïdisme*. Celui-ci avait assisté à une des conférences de Lafontaine en Angleterre, il y fut avec l'intention bien arrêtée de démolir son système, or il se trouva qu'après avoir vu les expériences, il fut convaincu et devint expérimentateur à son tour.

Après ces derniers magnétiseurs, nous devons mentionner Pétetin, Husson, Rostan, Dupotet, homme fin et distingué, que nous avons beaucoup connu, puis Mesnet, Deleuze, Bertrand, Liébault, Durand de Cross, Azam, Georget, etc., etc., car à partir de ce moment, le nombre des magnétiseurs est si considérable en France, qu'on ne peut plus les compter; ils commencent, du reste, à se cacher pour soulager et guérir les malades, car leur clientèle est si considérable que les médecins, à partir de ce moment, leur font une guerre acharnée.

Telle est la première période du Magnétisme ou Mesmérisme dénommée par Braïd, *Braïdisme* et *Neurisme*, enfin *Hypnotisme*.

Dans ces dernières années, depuis vingt-cinq ans environ, on a beaucoup mieux étudié le magnétisme, aussi bien, des docteurs qui étaient restés auparavant réfractaires ou du moins sur la défensive, veulent bien reconnaître qu'il y a là une grande découverte ; aussi M. Charcot, dans une lettre célèbre, n'a pas hésité à dire que « la médecine au nom de la science et de l'art avait pris possession de l'hypnotisme ».

Or la médecine, pas plus que les académies, nous le verrons dans les chapitres suivants, n'ont aucun titre pour justifier en quoi que ce soit cette prétention, cette prise de possession. Les corps savants sont demeurés réfractaires au magnétisme pendant plus d'un siècle et l'ont condamné académiquement, l'ont traité de jonglerie et de fumisterie indignes d'occuper les corps savants, enfin, mis aux pieds du mur, les savants ont fini par déclarer que cette pratique était contraire aux mœurs, comme le constate un rapport secret adressé à Louis XVI. Voici cette pièce curieuse à plus d'un titre et fort rare rédigée par Bailly, et signée par huit de ses collègues.

« Les commissaires chargés par le Roy de l'examen du magnétisme animal, en rédigeant le rapport qui doit être présenté à S. M., et qui doit peut-être devenir public, ont cru qu'il était prudent de supprimer une observation qui ne doit pas être divulguée; mais ils n'ont pas pu la dissimuler au ministre de S. M., ce ministre les a chargés d'en rédiger une note destinée à être mise sous les yeux du Roy et réservée à sa Majesté seule.

« Cette observation importante concerne les mœurs.....

« Ce sont toujours les hommes qui magnétisent les femmes; les relations alors établies ne sont sans doute que celles d'un malade à l'égard de son médecin; mais ce médecin est un homme; quel que soit l'état de maladie, il ne nous dépouille point de notre sexe, il ne nous dérobe point au pouvoir de l'autre; la maladie en peut affaiblir les impressions, sans jamais les anéantir. D'ailleurs, la plupart des femmes qui vont au Magnétisme ne sont pas réellement malades ; beaucoup y viennent par oisiveté et par amusement ; d'autres, qui ont quelques incommodités, n'en conservent pas moins leur fraîcheur et leur force : leurs sens sont tout entiers, leur jeunesse a toute sa sensibilité.

« Elles ont assez de charmes pour agir sur le médecin ; elles ont assez de santé pour que le médecin agisse sur elle ; alors le danger est réciproque. La proximité longtemps continuée, l'attouchement indispensable, la chaleur individuelle communiquée, les regards confondus, sont les voies connues de la nature et les moyens qu'elle a préparés de tout temps pour opérer immanquablement la communication des sensations et des affections. *L'homme qui magnétise a ordinairement les genoux de la femme renfermés dans les siens ;* les genoux et toutes les parties inférieures du corps sont par conséquent en contact. La main est appliquée sur les hypochondres *et quelquefois plus bas, sur les ovaires.* Le tact est donc exercé à la fois sur une *infinité de parties et dans le voisinage des parties les plus sensibles du corps.* Souvent l'homme, ayant sa main gauche appliquée, *passe la droite derrière le corps de la femme ;* le mouvement de l'un est de l'autre est de se pencher mutuelle-

6.

ment pour favoriser ce double attouchement;
la proximité devient la plus grande possible,
le visage touche presque le visage, les ha-
leines se respirent, toutes les impressions
physiques se partagent instantanément, et
l'attraction réciproque des sexes doit agir
dans toute sa force ; il n'est pas extraordinaire que les sens s'allument. L'imagination,
qui agit en même temps, répand un certain
désordre dans la machine ; elle suspend le jugement, elle écarte l'attention ; les femmes ne
peuvent se rendre compte de ce qu'elles
éprouvent, elles ignorent l'état où elles sont.

« Les médecins commissaires, présents et
attentifs au traitement, ont observé avec soin
ce qui s'y passe. Quand cette espèce de crise
se prépare, le visage s'enflamme par degrés,
l'œil devient ardent, et c'est le signe par lequel la nature annonce le désir. On voit la
femme baisser la tête, *porter la main au front
et aux yeux pour les couvrir* ; sa pudeur
habituelle veille à son insu et lui inspire le
soin de se cacher. Cependant la crise continue
et l'œil se trouble ; c'est un signe non équivo-
que du désordre total des sens. Ce désordre
peut n'être point aperçu par celle qui l'é-
prouve, mais il n'échappe pas au regard
observateur du médecin. Dès que ce signe a

été manifesté, les paupières deviennent humides ; la respiration est courte, entrecoupée ; la poitrine s'élève et s'abaisse rapidement ; les convulsions s'établissent, ainsi que les mouvements précipités et brusques, ou des membres ou du corps entier. Chez les femmes vives et sensibles, le dernier degré, le terme de la plus douce des émotions est souvent une convulsion. A cet état succèdent la langueur, l'abattement, une sorte de sommeil des sens, qui est un repos nécessaire après une forte agitation.

« La preuve que cet état de convulsion, quelque extraordinaire qu'il paraisse à ceux qui l'observent, n'a rien de pénible, n'a rien que de naturel pour celles qui l'éprouvent, c'est que, dès qu'il a cessé, il n'en reste aucune trace fâcheuse. Le souvenir n'en est pas désagréable, les femmes s'en trouvent mieux et n'ont point de répugnance à le sentir à nouveau. Comme les émanations éprouvées sont les germes des affections et des penchants, on sent pourquoi celui qui magnétise inspire tant d'attachement, attachement qui doit être plus marqué et plus vif chez les femmes que chez les hommes, tant que l'exercice du magnétisme n'est confié qu'à des hommes. Beaucoup de femmes n'ont sans doute pas éprouvé ces effets, d'autres ont ignoré cette cause des effets qu'elles ont éprouvés ; plus elles sont honnêtes, moins elles ont dû la soupçonner. On assure que plusieurs s'en sont aperçues et se sont retirées du traitement magnétique ; mais celles qui l'ignorent ont besoin d'être préservées.

« *Le traitement magnétique ne peut être que dangereux pour les mœurs.* En se proposant de guérir des maladies qui demandent un long traitement, on excite des émotions agréables et chères, des émotions que l'on regrette, que l'on cherche à retrouver, parce qu'elles ont un charme naturel pour nous, et que physiquement elles contribuent à notre bonheur ; mais, moralement, elles n'en sont pas moins condamnables, et elles sont d'autant plus dangereuses, qu'il est plus facile d'en prendre la douce habitude. Un état éprouvé presque en public, au milieu d'autres femmes qui semblent l'éprouver également, n'offre rien d'alarmant ; on y reste, on y revient, et l'on ne s'aperçoit du danger que lorsqu'il n'est plus temps. Exposées à ce danger, les femmes fortes s'en éloignent, les faibles peuvent y perdre leurs mœurs et leur santé.

« Signé : Franklin, Bory, Lavoisier, Bailly, Majault, Sallin, d'Arcet, Guillotin, Leroy ».

« Fait à Paris, le 11 août 1784 ».

Ce rapport secret pourrait être signé aussi par le marquis de Sade ; car il n'est pas permis à des docteurs de voir seulement le côté pornographique de la question, et nullement le haut intérêt que la science pouvait en retirer pour le soulagement des maux qui affligent l'humanité.

Aussi, pouvons-nous dire avec toute justice que c'est seulement aux petits, aux humbles, aux gens au cœur pur à qui revient l'honneur d'avoir les premiers attiré l'attention sur le magnétisme, connu dès la plus haute antiquité, car l'*Avesta* un des plus anciens livres de l'Inde, considérait la médecine sous trois faces et divisait la thérapeutique en trois sections : le couteau (chirurgie), les herbes, (la médecine) et le Manthrâ (conjurations magiques ou magnétisme).

Dès l'origine de la civilisation, cette troisième branche de l'art de guérir est restée occulte, parce qu'elle renfermait, disait-on, des secrets redoutables, qui entre les mains d'hommes méchants pouvaient amener de grandes calamités. — C'est pour cela que les anciens n'initiaient à la *Science sacrée*, à l'*Art occulte*, que les intelligences d'élite, que les hommes sages et parfaits, que les *Mages*.

A notre époque, nos bons docteurs ont voulu

faire de même ; ils ont empêché par tous les moyens la propagation de l'hypnotisme.

Ce serait trop long de refaire ici le procès des inepties formulées pour enrayer dans divers pays, en France, en Italie, en Belgique, le mouvement en faveur de l'hypnotisme, mais nous nous bornerons à donner un extrait du *Journal de Liége*, du 28 janvier 1888, qui montrera sinon l'odieux, du moins le ridicule d'une pareille persécution :

« Un honorable médecin, M. Thiriar, représentant de Soignies, vient de jeter à la Chambre un cri d'alarme. A l'en croire, il faudrait proscrire avec rigueur les expériences publiques d'hypnotisme qui peuvent, dit-il, occasionner de graves accidents.

« Il paraîtrait qu'à Bruxelles, une personne qui s'était laissé magnétiser a souffert pendant quelques jours d'un ébranlement nerveux.

« Il faut donc, vite, vite, réglementer cette grave matière, et naturellement réserver aux médecins le monopole de la science nouvelle.

« Le ministre hésite dans cette voie, qu'il trouve hérissée de difficultés, c'est qu'en effet l'hypnotisme n'est pas une science médicale ; la médecine n'est pour rien dans sa découverte. Ce sont les expériences de Hanssen, de Pickmann, de Léon, etc., qui ont levé le voile qui couvre le mystère du magnétisme. Les effets curatifs de l'hypnotisme sont aujourd'hui hors de conteste; on a obtenu des résultats merveilleux, dont pourraient témoigner une foule de malheureux qui avaient vainement demandé à la science médicale le soulagement de leurs maux.

« S'il suffisait d'avoir fait des études et de posséder un diplôme pour magnétiser, le problème serait plus facile à résoudre. Mais voici le *hic* : Beaucoup de médecins, malgré la meilleure volonté du monde et de nombreuses leçons, sont absolument incapables d'endormir qui que ce soit. La faculté de magnétiser n'a donc rien de commun avec la science médicale.

« Est-ce pratiquer la médecine que de guérir un malade par l'hypnotisme ? Pas le moins du monde. Le magnétisme ne prescrit pas de remèdes; il se borne à agir sur la volonté du sujet.

« Si l'on défend les expériences d'hypnotisme, continuera-t-on à tolérer les pèlerinages ? Laissera-t-on le clergé, incomparable guérisseur, exploiter paisiblement un fanatisme aveugle au grand détriment de la santé publique ?

« N'est-ce pas un scandale que de voir ces

caravanes d'estropiés, de perclus, degoutteux, de malheureux prêts à rendre l'âme qui partent pour Lourdes et qui succombent souvent en route aux fatigues du voyage ?

« Continuera-t-on à permettre que de pauvres diables, atteints d'ophtalmies éminemment contagieuses, aillent s'agenouiller dans une église, devant un prêtre qui leur frotte les yeux avec un tampon de ouate, lequel tampon passe ensuite sur les yeux d'une foule d'autres personnes, auxquelles on inocule ainsi les maladies les plus graves ?

« Voilà des abus auxquels, il serait urgent de mettre un terme et sur lesquels il conviendrait de consulter l'Académie de médecine.

« Le gouvernement peut avoir toute confiance dans ce corps savant. Interrogé sur le cas de Louise Lateau, n'a-t-il pas conclu en effet à la possibilité du miracle ?

« Quand on rend de tels oracles, on est bien digne d'inspirer la décision du pouvoir. »

En France, les pouvoirs publics ont aussi essayé d'enrayer les bienfaits du Magnétisme, mais toutes les entraves qu'on apporte à l'exercice de la profession des magnétiseurs ne serviront qu'à une chose : c'est à établir le libre exercice de la médecine; ce jour-là, il ne mourra certainement pas plus de personnes qu'aujourd'hui, des maladies qui désolent encore l'espèce humaine.

Aussi partageons-nous l'avis du Dr Beaunis, l'éminent professeur de l'École de Nancy, quand il dit que « réserver aux médecins le monopole de l'hypnotisme, ce serait dépasser le but, et parfois le manquer. »

D'abord pour soutenir une pareille prétention, il faudrait admettre que les médecins n'abusent pas de ce pouvoir magnétique, et qu'ils ont le monopole de la moralité; or rien n'est moins prouvé!

Ensuite, l'hynoptisme n'intéresse pas seulement la Physiologie la Pathologie et la Thérapeutique, mais encore et surtout la Psychologie; dès lors les penseurs et les philosophes peuvent bien l'expérimenter, il tombe donc dans le domaine public.

Le magnétisme a beaucoup aidé en effet l'avancement de la psychologie, sans lui, il ne serait pas possible de donner la quantité de preuves que l'on peut fournir au sujet des divers états de l'âme. C'est lui qui a permis de fixer divers phénomènes fugitifs, de les provoquer, de les étudier, de voir leur arrivée, de constater leur départ, ou leur périodicité etc., etc.

Sans le magnétisme, nous ne pourrions

nous faire aucune idée du somnambulisme, de la clairvoyance, de la clairaudience, de l'extase; cet état de sensitivité si exquise, qui permet de transporter le sensitif dans le pays des rêves et de lui faire goûter les sensations les plus douces, bien différentes des rêves provoqués par le sommeil naturel, ces derniers rêves sont souvent étranges, n'ont aucune signification et diffèrent totalement quant à leur origine, des impressions reçues dans l'état d'extase qui est un état de veille et d'intense activité.

DE L'HYPNOSE ET DE SES DIVERS ÉTATS

Il existe quatre principaux états de l'hypnose ; la léthargie, la catalepsie, l'extase et le somnambulisme ; celui-ci se subdivise en somnambulisme naturel et en somnambulisme provoqué.

Quand on hypnotise un sujet, que se passe-t-il ?

Le sujet éprouve d'abord une grande fatigue, une véritable prostration, accompagnée parfois d'une abondante transpiration ; puis il ressent une raideur générale dans tous les membres, enfin il s'endort.

Une fois endormi, il passe à ce qu'on

nomme des états de rapport, de sympathie, de contact, de sympathie à distance, de lucidité, de clairvoyance, de clairaudience, de suggestions, les états de l'hypnose étant très variés.

En ce qui concerne l'*extase*, celle-ci se produit de diverses manières ; par la volonté du magnétiseur, par les accords d'un instrument de musique ou par des pressions exercées sur le crâne du sujet, etc., etc.

Si nous nous occupons des divers états, de l'hypnose, nous dirons que, dans l'*état de rapport*, le sujet n'est en rapport qu'avec son magnétiseur ou la personne avec laquelle celui-ci le met en rapport, ou enfin avec la personne qui est en *contact* avec la machine statique (pile ou aimant, objet quelconque magnétisé, qui a provoqué le sommeil ; l'*état de sympathie* ou *de contact* est celui dans lequel le sujet qui est comme précédemment en rapport ou en *contact* avec le magnétiseur, perçoit toutes les sensations éprouvées par celui-ci ; l'*état de sympathie à distance* est celui dans lequel le sujet perçoit toutes les sensations éprouvées par le magnétiseur lui-même, sans contact aucun de celui-ci.

Enfin par suggestion, on peut actionner un sujet éveillé ou endormi.

L'École de Nancy n'admet pas ou du moins

n'admettait pas autrefois, (car aujourd'hui elle a dû se rendre à l'évidence), la possibilité d'agir sur un sujet éveillé ou du moins non endormi. Elle soutenait de plus qu'on peut suggérer des *impressions*, des *sensations*, mais non transmettre des pensées.

L'École de Nancy se trompait, nous allons le démontrer.

L'hiver dernier, nous avons assisté, au Palais de la Jetée-Promenade, à Nice, à trois séances données par M. Kreps, professeur Hollandais et par sa fille.

Mlle Kreps est-elle suggestionnable, et l'est-elle par la seule volonté paternelle, ou bien peut-elle être suggestionnée par une personne étrangère à son fluide astral ?

Voilà bien ce que nous avons voulu constater par nous-même.

Et pour cela, nous avons montré à M. Kreps la cuvette de notre montre, en le priant de nous faire dire le numéro inscrit dans ladite cuvette, et au même instant où M. Kreps cherchait à lire avec sa *loupe* le numéro finement gravé, nous avons immédiatement suggéré à sa fille le n° 662, chiffre que la jeune fille a immédiatement proclamé, puis toujours mentalement nous avons corrigé l'erreur, en pensant au chiffre 666, que la jeune fille a pro-

clamé plus timidement que la première fois,
avec une certaine hésitation même. — Et
nous ne pouvions nous expliquer cette hésitation, ce n'est que plusieurs jours après que
nous avons pu nous en rendre compte, car en
regardant la cuvette de notre montre, et
en la tournant cette fois du bon côté, nous
avons vu que le véritable numéro gravé était
999. Donc la cuvette retournée donnait un
chiffre faux quand nous lisions 666. D'où l'in-
certitude de la jeune fille qui, ayant également la double-vue, voyait un autre chiffre
que celui que nous lui suggérions pour la seconde fois.

L'expérience que nous avons pu tenter avec
Mlle Kreps nous permet d'affirmer qu'en mêlant notre volonté (notre fluide astral peut-
être) avec M. Kreps, nous avions pu sugges-
tionner un excellent sujet, absolument, comme
son véritable opérateur, qui était en correspondance directe avec lui. Et si nous ajoutons
que le médium ou sujet n'est nullement endormi, mais parfaitement éveillé, nous pouvons bien conclure contre l'École de Nancy
qui, nous le disions quelques lignes ci-dessus,
« n'admet pas la possibilité d'agir sur un sujet
éveillé » et qui n'admet pas non plus qu'on
puisse transmettre des idées, mais seulement

des impressions et des sensations. » Nous venons de démontrer le contraire. Les faits qui précèdent avaient été consignés par nous dans un journal quotidien de Nice *L'impartial*, dans deux articles parus le 25 et le 27 mars 1893 (1).

Du reste, les expériences de M. Kreps et de sa charmante jeune fille ont été consignées dans plus de deux cents journaux hollandais, belges, italiens, espagnols et français.

Pour résumer notre impression sur Mlle Kreps, nous ne saurions mieux faire que de reproduire ici l'un des articles que nous avons écrit *ex abrupto* en sortant du théâtre de la Jetée-Promenade.

Voici donc ce que nous écrivions dans *l'Impartial de Nice*, n° du 25 mars 1893 :

CLAIRVUE

Clairvue, clairvoyance, clairaudience, hypnotisme, somnambulisme, suggestion, auto-suggestion, tels étaient les mots qu'on pouvait entendre dans toutes les bouches, hier à la Jetée-Promenade, après les expériences faites par M. Kreps et sa fille.

---

(1) Et dans le *Voile d'Isis*, n° 118, 24 mai 1893 : « A propos de suggestion. »

Les uns disaient : c'est un fort magnétiseur les autres : c'est un fumiste, c'est un truqueur. Il a un vocabulaire et suivant la manière dont il pose la question, il dicte lui-même à sa fille la réponse qu'elle doit faire.

Nous allons examiner et discuter impartialement les expériences, et puis nous donnerons nos conclusions.

Nous connaissons ce que font les Pickmann, les Donato, les Cumberland, et il y a près de trente ans que nous nous occupons d'Occultisme; ceci n'est dit que pour montrer au lecteur que nous connaissons à fond le sujet que nous allons traiter.

Passons aux expériences; elles sont de quatre genres.

M. Kreps passe rapidement au milieu des spectateurs, touche aux objets les plus divers et instantanément sa fille nomme les objets, les décrits, donne les numéros inscrits sur la montre, les fauteuils d'orchestre, les billets de chemin de fer, billets de banque, etc., etc.

Deuxième expérience : les spectateurs écrivent sur leur papier le nom d'une liqueur et la jeune fille, qui a un verre d'eau à la main, y trempe à peine ses lèvres et ayant pour ainsi dire dégusté la liqueur, la désigne.

Troisième expérience : des spectateurs écri-

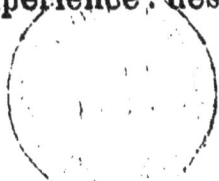

vent des chiffres sur un petit tableau noir et quand son père vient sur la scène, la jeune fille fait l'énumération des chiffres inscrits et donne l'addition ;

Quatrièmement enfin : des spectateurs écrivent des chiffres sur un tableau noir et la jeune fille, qui a les yeux bandés avec un mouchoir et un sac de velours noir, sur la tête et le torse dans un sac ne laissant passer que les bras, la jeune fille inscrit en même temps les chiffres et quand le père revient sur la scène, on compare les deux tableaux et celui écrit par les spectateurs et sur lequel le père a opéré l'addition, se trouve en tout conforme à celui qu'a écrit et additionné la jeune fille.

Le résultat est surprenant, merveilleux, mais comment peut-il être obtenu ?

Par deux moyens : par un truc quelconque, truc long, difficile ; il faudrait qu'entre le père et la fille il y ait une sorte de vocabulaire pour parler et s'entendre au milieu des spectateurs sans que ceux-ci puissent s'en apercevoir.

Le second moyen, qui n'est pas scientifique au sens strict du mot, comme veut bien le dire M. Kreps, mais qui est plutôt une faculté que possède la jeune fille, c'est un *médium*

Ce moyen serait tout simplement *la clairvue*, *la clairaudience* ou *la suggestion mentale*.

Nous écartons tout à fait dans certaines expériences ce dernier mode d'opérer, parce que la jeune fille procède avec une vitesse telle qu'il n'est pas possible qu'elle puisse lire dans l'esprit de son père.

Restent donc la clairaudience et la clairvue; dans le premier cas la jeune fille entendrait mentalement, c'est-à-dire comme Jeanne d'Arc, des voix qui lui dicteraient la réponse qu'elle doit faire.

Enfin, dans la clairvue, elle verrait elle-même les objets et les résultats demandés; nous pensons que c'est là le mode utilisé par la jeune fille.

Voilà, ce que nous disions en partie dans notre article.

Aujourd'hui, nous ajouterons qu'il y a aussi un moyen à mentionner, c'est la Télépathie, dont nous parlerons dans un chapitre spécial, chapitre X. Évidemment entre le père et la fille, les rapports *astrals* sont si puissants, si resserrés, que le père peut, rien que par sa pensée, secondée par une ferme volonté, transmettre à la jeune fille tout ce qui lui passe par son propre cerveau.

7.

CHAPITRE VII

DU MAGNÉTISME CURATIF OU APPLICATIONS THÉRA-PEUTIQUES DE L'HYPNOTISME

La science est loin d'être faite sur les don-nées du sommeil nerveux, malgré le grand nombre d'expériences faites dans ces der-nières années.

Nous avons rapporté les expériences du professeur Kreps et de sa fille, pour montrer à nos lecteurs une partie du merveilleux qu'on peut obtenir au moyen de l'hypnotisme, car ces expériences relèvent probablement de cette science. Nous aurions pu multiplier nos exem-ples, en mentionnant les expériences des Pick-mann, des Cumberland, des Hanssen et autres hypnotiseurs, mais ces spectacles sont aujour-d'hui trop connus, pour qu'il soit nécessaire d'en parler.

Nous préférons donc passer immédiatement au magnétisme curatif, qui produit des merveilles, comme le lecteur pourra en juger par quelques exemples que nous consignons ici.

Aussi ne faut-il pas s'étonner que dans un mouvement d'enthousiasme le baron du Potet s'écrie : « Miracle du magnétisme, un être, à la voix de la nature, peut, sans science aucune, rétablir l'équilibre, en versant dans les organes ces effluves d'une nature si inconnue qu'elles confondent la science et le raisonnement ! Elles vont, comblant le vide qui s'est fait, faire naître la lutte qui doit, non sans secousses, ni oscillations, réveiller l'action vitale et rétablir l'équilibre perdu ! »

En effet, il ne faut pas ici des diplômes ou des parchemins pour exercer une brillante faculté que la nature a dispensé à des êtres privilégiés. Il ne s'agit que d'être sain, foncièrement honnête, et avoir un grand désir d'être utile à ses semblables ; puis on n'a qu'à suivre la courte instruction du baron du Potet, qui nous dit :

« Placez-vous près du malade épuisé par la souffrance, et dont les forces médicatrices ont été anéanties par les remèdes ; étendez vos mains doucement, tranquillement, avec la sérénité qui accompagne toujours le désir de faire le bien ; considérez-vous comme un ins-

trument divin, dont les ressorts sont mus par
l'âme. Cette harmonie nécessaire détermine
la puissance magnétique à sortir de ses voies
ordinaires, et à se porter là, où votre entende-
ment l'appelle, où vos mains veulent la
guider !...

Et avec cette simple recette, on arrive à
soulager ses semblables. Depuis le baron du
Potet, l'hypnotisme s'est répandu et a fait du
chemin, surtout pour les opérations chirurgicales.

Parmi les opérations remarquables opérées
avec l'aide du sommeil hypnotique, nous signalerons la suivante, extraite de la *Revue po-
pulaire de médecine* et parue dans le n° du 5
décembre 1887, sous la signature du Dr Fiolle.

EXTRACTION D'UNE BALLE PENDANT LE SOMMEIL HYPNOTIQUE

« Mme X... a reçu une balle de revolver petit
calibre dans la main droite, il y a sept ans.
L'extraction fut tentée, sans succès, par plusieurs médecins : elle s'est enkystée sous les
tendons fléchisseurs du médius, au niveau du
pli cutané inférieur.

« Très sensible et très excitable, cette dame

voulait être débarrassée de ce corps étranger qui gênait ses mouvements ; comme elle craignait la souffrance de l'opération, et que, de mon côté, je redoutais les effets des anesthésiques, j'eus l'idée de la soumettre au sommeil hypnotique.

« A la première séance, l'état somnambulique fut produit au bout de trois ou quatre minutes, et j'en profitai pour la débarrasser des douleurs névralgiques qui la faisaient horriblement souffrir ; je lui suggérai en même temps l'idée que l'extraction de la balle était indispensable.

« Depuis ce moment, elle me le demanda avec une telle insistance que je me décidai à l'opération, et je la pratiquai trois jours après.

« Après avoir plongé, à mon commandement, mon sujet dans l'état hypnotique, je lui suggère qu'au moyen d'un anesthésique puissant récemment découvert elle ne ressentira aucune douleur ; à cet effet, je mouille la partie avec de l'eau. L'opération, aussitôt commencée, n'a pas duré moins d'un quart d'heure, pendant lequel Mme X... n'a pas fait un mouvement pour retirer sa main. La figure n'a pas cessé d'être souriante, ainsi que je l'avais ordonné.

« Ces faits étaient trop connus pour que

j'eusse lieu de m'en étonner; il n'en a pas été de même pour les suites.

« Après l'extraction de la balle eut lieu une hémorragie assez abondante provenant probablement d'une lésion d'une artère colatérale des doigts. J'eus l'idée de dire à mon sujet qu'au moyen d'un liquide spécial, l'écoulement du sang cesserait subitement et que la cicatrisation serait immédiate; à mon grand étonnement, le sang cessa de couler. Les bords de la plaie furent rapprochés. A la suite de l'opératfon, ma malade n'éprouve aucune douleur; tous les mouvements sont facilement exécutés, la malade affirme n'avoir rien ressenti.

« Néanmoins, je prescrivis le repos du membre, et tout semblait terminé, lorsque le surlendemain mon sujet accuse une douleur profonde. Craignant, à cause des circonstances où j'avais opéré, qu'il y eût un peu de pus, je fis, à l'état de veille, une nouvelle incision, qui donna issue à une petite quantité de liquide séro-purulent, et par les mêmes procédés je pus supprimer la douleur et faire cesser l'hémorragie. La cicatrisation a marché rapidement. Depuis lors, il y a un mois, Mme X... n'a plus ressenti aucune douleur, aucune gêne; il est difficile de constater l'endroit où ont porté les incisions. Cette petite opération faite devant plusieurs témoins, m'a semblé, à cause des circonstances où elle a été pratiqué, devoir être signalée.

« Dr EDMOND FIOLLE. »

Voilà un fait qui certes aurait été traité de miraculeux, il y a seulement quarante ou cinquante ans ; aujourd'hui, les hommes de science le trouvent tout à fait simple et ordinaire ; le D^r Ed. Fiolle ne dit-il pas lui-même dans sa lettre : *Ces faits étaient trop connus pour que j'eusse lieu de m'en étonner.* »

Trop connus des initiés, des hommes de science non officielle, cher docteur, mais pas du vulgaire, de la foule.

Nous allons mentionner un autre exemple : celui d'un accouchement.

Certes, si une opération est pénible et douloureuse, c'est celle-ci ; eh bien ! grâce à l'hypnotisme, la femme peut *enfanter sans douleur* ; voici le fait :

Le Dr Dumontpallier a communiqué à la *Société de Biologie* (séance du 26 fév. 87), un cas d'analgésie hypnotique, dans le travail de l'accouchement.

Nous allons analyser la communication du

célèbre médecin de l'Hôtel-Dieu, parce que cette analyse permettra de déterminer la *sensibilité ou l'insensibilité* de la parturiente, dans les trois états de somnambulisme, de léthargie et d'hypnotisme simple.

Le savant auteur rapporte qu'une primipare en état somnambulique a témoigné d'une analgésie complète, pendant la première période de l'accouchement; pendant la seconde période, au contraire, l'analgie n'a été qu'intermittente, enfin elle cessait complètement, lorsque les violentes contractions utérines survenaient.

Enfin, le docteur nous dit que, l'hypnotisation a été impossible dans la troisième période lors des fortes pressions de la tête de l'enfant sur le périnée et lors de l'engagement de l'occiput sous l'arcade pubienne.

Dans l'état léthargique, une femme peut accoucher sans en avoir conscience, donc pour obtenir une analgésie complète, absolue, « pour que la femme enfante sans douleur », il ne faut pas hypnotiser la parturiente pour obtenir la période somnambulique, mais il faut produire la léthargie.

Dans cette dernière phase de l'hypnotisme, si la femme a souffert sans crier pendant le travail, elle n'aura pas conscience de la naissance de son enfant et n'aura pas conservé le souvenir de la douleur.

Nous pourrions mentionner ici des milliers d'exemples, mais nous pensons que ce serait inutile, nous préférons renvoyer à des ouvrages spéciaux, ceux de nos lecteurs désireux d'étudier les applications thérapeutiques de l'hypnotisme, et en terminant ce chapitre nous dirons que certes l'action magnétique est soumise à des lois fixes qui relèvent de la polarité, mais le plus grand nombre des magnétiseurs (ce sont les meilleurs), guérissent les malades sans connaître la véritable nature de leur pouvoir. Bien souvent des *rebouteurs* par exemple, s'imaginent remettre un tendon ou emboîter un os, tandis que par l'action magnétique, il ne font que supprimer une douleur; c'est une sorte de magnétisme inconscient, de même que la zoothérapie, la cohabitation avec des jeunes filles ou des jeunes garçons, la médecine sympatique de Paracelse ; toutes ces pratiques ou usages constituent un magnétisme involontaire ou du moins inconscient.

Le magnétisme volontaire, pour qu'il soit curatif, doit provenir d'un organisme sain, d'un organisme astro-physique pur ; les grands thaumaturges ne guérissaient et ne gué-

rissent que parce qu'ils sont dans cet état de
pureté requis. Étaient tels : le Christ, le baron
des Potet, Newton, de Hohenloe, le zouave
Jacob et bien d'autres magnétiseurs renom-
més.

Aussi recommandons-nous aux malades qui
désirent utiliser le magnétisme curatif, de n'u-
tiliser que d'excellents magnétiseurs, car si
le fluide de celui-ci était impur, ces malades, au
lieu de guérir, pourraient aggraver leur état,
car le fluide impur contagionne et contamine
pour ainsi dire le magnétisé et peut développer en lui des passions qu'il n'aurait peut-être
jamais eues.

C'est là un fait sur lequel il y a lieu d'insister ; le magnétiseur guérit bien par *contagion*
quand il ne fait pas de la suggestion.

Cette contagion est du reste soumise à des
lois tout comme la magnétisation l'est à celles
de la polarité.

Aussi bien des magnétiseurs fabriqués, c'est-
à-dire qui n'ont pas le don, provoquent des
phénomènes tout à fait contraires à ce qu'ils
voulaient obtenir. C'est pourquoi les malades
doivent toujours s'adresser de préférence aux
véritables thaumaturges.

Le jour où l'hypnotisme sera exclusivement
appliqué à guérir les maladies, le nombre des

malades diminuera considérablement ; malheureusement jusque dans ces dernières années l'étude de l'hypnotisme n'a guère porté chez les médecins que sur les faits curieux et bizarres. Cependant il n'est pas d'étude plus attachante et plus importante, en ce qu'elle permet de suivre les processus physiologiques et tout particulièrement les fonctions cérébrales fort peu connues et très mal définies par nos grands physiologistes.

Passons à l'étude de la suggestion et de l'autosuggestion également employées comme moyen thérapeutique.

SUGGESTION ET AUTOSUGGESTION.

Paracelse, nos lecteurs ne l'ignorent pas, a beaucoup écrit sur la médecine et il a affirmé, jusqu'à un certain point, que les remèdes agissent surtout par autosuggestion, puisqu'il dit que ce qui guérit surtout dans les remèdes, c'est la foi qu'on a en eux ; nous allons le voir en parlant des cinq classes de maladies qui existent d'après notre hermétiste :

LA PREMIÈRE CLASSE comprend les maladies causées par des influences astrales lesquelles

agissent sur le corps astral de l'homme, et par
réaction sur son corps physique. — On ne peut
guérir celles-ci qu'en connaissant la physiologie et l'anatomie des cieux et les influences
des étoiles, il faut donc en premier lieu soustraire l'homme des mauvaises influences astrales, avant toute chose, puis lui donner le
métal ou la plante qui possèdent les qualités
pouvant attirer les influences planétaires cor-
respondantes et « si nous connaissons l'influence de l'étoile, les conjonctions des planètes
et les qualités des drogues, nous saurons alors
quel remède il faut appliquer pour attirer les
influences qui peuvent agir d'une manière bien-
faisante sur le corps du malade. »

La SECONDE CLASSE comprend les maladies
provenant des impuretés des substances ma-
lignes et des obstructions internes. — Dans ce
cas il faut laisser agir la puissance curative de
la nature, et rien de plus, car, dit Paracelse,
« tant que le corps est fort, il peut diminuer
ou même rejeter les influences néfastes engendrées par nos vices »; mais comme cela demande un effort continu, il y a une perte
sérieuse de vitalité, nécessaire à l'expulsion
des éléments empoisonnés accumulés en
grande quantité. Aussi, « si le médecin essaie

d'empêcher l'expulsion de ces éléments, il commet un crime contre la nature et peut même causer la mort du malade. »

La TROISIÈME CLASSE embrasse les maladies qui relèvent du mauvais état des organes des fonctions physiologiques ou bien encore de l'état anormal de ces organes, causé par des influences malfaisantes. — Pour celles-ci Paracelse n'utilise que des remèdes choisis suivant les influences plus notoires qui correspondent aux organes affectés.

La QUATRIÈME CLASSE de maladies comprend celles dont l'origine remonte à des causes psychologiques (désirs, passions, vices, imagination déréglée).

Pour la guérir, Paracelse emploie des talismans et des amulettes, il combat les effets de l'imagination par l'imagination, la volonté et la foi.

« L'imagination, dit-il, guérit beaucoup de maladies, mais la volonté (la foi) les guérit toutes. Si nous ne pouvons pas les guérir par la foi, c'est que notre foi est trop faible. »

Et le grand alchimiste reconnaît que la puissance des amulettes ne réside pas tant dans la

matière avec laquelle ils sont faits, que dans
la foi avec laquelle ils sont portés, et il ajoute
que « la foi rendra les remèdes efficaces, tandis
que le doute détruira leur vertu. »

Ainsi donc c'est bien Paracelse qui a, dans
ces temps modernes, le premier parlé de
guérison par la foi ; ce qui n'empêche par un
Anglais M. C. Lloyd Tuckey d'écrire dans
le *The Nineteenth century Magazine* que,
quel que soit l'avenir qui lui est réservé, cette
ville charmante et prospère (Nancy) a un
titre à la célébrité qui lui survivra peut-être
aux autres : elle aura été le lieu de naissance d'un système de guérison (traitement
médical par la foi) qui semble destiné à avoir
une grande importance pour l'humanité et
qui modifiera sans doute la pratique actuelle
de la médecine. »

Enfin la CINQUIÈME CLASSE, comprend les maladies qui ont pour origine des causes spirituelles, créées par la désobéissance aux lois
de Dieu.

Pour celles-là, il n'y a pas d'autres remèdes que
la patience, parce que nous devons ces maladies aux fautes de nos existences antérieures,
il n'y a donc rien à faire qu'à les subir, puisqu'elles ne proviennent que de notre *Karma*

et sont une expiation; on peut donc en atté-
nuer les souffrances, mais non les guérir radi-
calement.

Ajoutons qu'en bon alchimiste Paracelse employait aussi un élixir dont nous ignorons le
nom, mais qui nous est donné par d'Espagnet
en ces termes : « Il y a une partie dans
l'homme dont le nom peut être exprimé par
six lettres.

En ajoutant un P et en changeant S, en M,
vous trouverez le véritable nom du sujet qui
occupe les sages.

Le mot de Paracelse, nous allons le révéler,
c'est *Oculus* (l'œil) la partie de l'homme, dont
le nom latin a bien six lettres, et si nous ajoutons un P au commencement et que nous
remplaçons par un M l'S, nous aurons *Poculum*, ce qui signifie *oculus*, œil, et *Poculum*,
verre à boire, verre de vin, même ; autrement dit en langage symbolique l'*œil* signifie
la *conscience divine* ou spirituelle et, quand
l'homme en est pénétré, il devient un réci-
pient, un vase (*poculum*) susceptible de recevoir la bonne parole, et si celle-ci se fixe en
nous, en notre âme, l'homme découvre en lui
la *pierre philosophale*.

Dans ce qu'on appelle la Magie des campagnes, il est souvent question de remèdes

plus ou moins bizarres (1),ces drogues fournies ou formulées par les empiriques guérissent dans bien des cas, parce que ce qui agit en elles c'est l'*âme* des plantes, des substances employées, laquelle âme, par son action sur les éléments *praniques*, *astrals* ou *physiques*, modifie ou neutralise tout au moins les énergies troublées, ce qui permet à la force curative de ramener naturellement une puissance suffisante aux éléments en souffrance pour leur permettre de récupérer leur activité et par suite la guérison. Ces drogues empiriques guérissent encore par une véritable auto-suggestion. Le malade en effet qui sait que d'autres malades ont été guéris par un remède ou un procédé quelconque est pour ainsi dire entraîné à tenter l'expérience pour son propre compte ; cela devient chez lui une idée fixe, il est assuré de sa guérison, et c'est cette foi dans le remède, comme dit Paracelse, qui guérit véritablement le malade : c'est la concentration soutenue de sa volonté, c'est-à-dire de l'auto-suggestion.

Nous devons ranger dans la même catégorie toutes les formules, tous les remèdes

----

(1) Voir à ce sujet le *Voile d'Isis*, année 1893, n° 113 et suivants : *Formulaire de la magie des campagnes.*

et toutes les prières quels qu'ils soient, et cela, malgré ce qu'ils peuvent avoir d'absurde, tels qu'on les lit dans les manuels ou Enchiridion, notamment dans celui du Pape Léon.

Après ce coup d'œil jeté en arrière, dans le passé à propos de suggestion, arrivons aux temps modernes, où les expériences ont un tout autre caractère de vérité et de netteté.

Aujourd'hui, comme autrefois, bien des gens s'inquiètent encore du danger que l'hypnotisme peut faire courir à notre société; c'est là un grand tort; car si l'hypnotisme présente des dangers, il a aussi un bon côté ; chaque médaille a son revers, et le revers ou verso de l'hypnotisme n'est pas à beaucoup près aussi important que sa face ou *recto*. On a eu le tort de croire que tout sujet hypnoptisé devient entre les mains de son opérateur ou magnétiseur un automate. Cela est absolument erronné.

Dans la suggestion par exemple, toute pensée suggérée à un sujet est plus forte que les autres, qu'il a dans son esprit ; mais en présence d'un acte à accomplir l'hypnotisé conserve sa liberté d'action, comme devant le conseil que lui donnerait un ami ; si l'acte à commettre répugne à l'individu, s'il est en contradiction avec ses principes, il reste libre de l'exécuter ou de ne pas l'exécuter.

8

L'opérateur suggère bien l'idée, mais la réalisation de l'idée dépend toute entière de la volonté de l'hypnotisé.

Si l'individu (le sujet) est faible il peut se laisser entraîner, comme dans les actes de la vie ordinaire. Si au contraire le sujet est un caractère, a une ferme volonté, il examinera avec sa froide raison l'idée suggérée et s'il la juge mauvaise; il ne l'exécutera pas.

Ainsi donc, on a grandement tort de considérer le somnambule comme une machine, ou un simple automate; il possède sa volonté propre, et il est toujours libre d'exécuter ou de ne pas exécuter une idée suggérée.

Dans les applications thérapeutiques au contraire, les remèdes ou les suggestions agissent surtout parce que le malade a la volonté de vouloir guérir; de sorte qu'avec un verre d'eau fraîche, on peut à volonté faire prendre du thé, de la tisane, un vomitif, un purgatif au malade ; ces faits sont aujourd'hui trop connus, pour que nous ayons le soin d'insister ; mais nous citerons les divers cas de guérison remarquables qu'on peut obtenir par la suggestion : le Dr Voisin a traité et guéri de l'aménorrhée (1).

(1) Communication à la société medico-psychologique.

Le Dr Fontan de Toulon a guéri d'hystérie, de catalepsie et d'anesthésie partielle au moins, en employant la suggestion et l'aimant. D'autres médecins ont guéri les paralysies, les hémiplégies, les névralgies, etc., etc., enfin des hypnotiseurs ont guéri quantité de personnes de funestes habitudes inveterées, en les dégoûtant par suggestion de leur passion : morphine, opium, éther, tabac, etc.

Dans une brochure (1) du professeur Delbœuf de l'Université de Liège, nous trouvons un singulier cas d'hémiplégie guéri par suggestion. La personne en question ne pouvait pas parler. Au bout de trois jours elle commença à parler, mais au bout de dix-huit jours elle était incapable de faire un pas. Par acquit de conscience et ne croyant guère à un résultat M. Delbœuf suggéra à son malade qu'à son réveil, il remuerait le bras et la main. Elle se réveilla en effet, et à la grande stupéfaction du Docteur, elle remua son bras et sa main. Réhypnotisée le médecin lui dit qu'à son réveil elle se lèverait et pourrait marcher sans employer aucun aide. Ce qui arriva et s'accomplit de point en point.

(1) De l'origine des effets curatifs de l'hypnotisme, études de psychologie expérimentale, 1 vol. in-8° Paris 1888. — F. Alcan.

Et le Docteur ajoute : « Qui n'a pas assisté à une pareille résurrection des membres, pour ainsi dire morts, ne peut se faire aucune idée de l'étonnement mêlé de stupeur et presque d'effroi qui a saisi les témoins de cette scène.

« L'amélioration obtenue si instantanément s'est maintenue et a été s'accentuant à la suite de suggestions successives, jusqu'à un certain point qui n'a pu être dépassé.

Nous n'insisterons pas davantage et à ceux de nos lecteurs qui désireraient étudier la question des médicaments à distance, nous signalerons l'ouvrage de MM. H. Bourru et P. Burot, professeurs à l'École de médecine de Rochefort (1).

L'hypnotisme est certainement un des grands systèmes qui sera utilisé dans l'avenir pour la guérison des malades.

L'homéopathie a été un progrès parce que dans ce système les remèdes étaient déjà moins matériels pour ainsi dire, que dans l'allopathie. Quel avenir est réservé à la chromothérapie ? Voir à ce sujet notre chapitre XVI.

---

(1) LA SUGGESTION MENTALE ET L'ACTION DES MÉDICAMENTS A DISTANCE, 1 vol. in-18, Paris Germer J. B. Baillère et fils 1887.

CHAPITRE VIII

LA TRANSFUSION DU SANG

Bains et Boissons de sang

François Bacon a dit: « Allonger le fil de la vie, éloigner la mort qui vient à pas lents et qui a pour cause la simple dissolution et l'atrophie de la vieillesse, c'est un sujet qu'aucun médecin n'a traité d'une manière qui réponde à son importance. »

C'est qu'en effet le problème n'était pas facile à résoudre.

Faut-il, comme le conseille *Un Porc du troupeau d'Epicure* (1) « bien boire, bien manger, bien dormir, ne rien faire que tout ce qu'il

---

(1) L'ouvrage signé ainsi est de l'écrivain humoristique Mortimer-Collins.

vous plaît et même ne rien faire du tout »,
vivre en un mot en sybarite, en Epicurien ?

Ou bien vaut-il mieux se conformer au texte
biblique : « *Qui abstinens adjiciet vitam.* »

Celui qui vit sobrement allonge sa vie.

Nous pensons cette formule meilleure, mais
là n'est pas la question. Nous allons étudier
dans le présent chapitre deux modes ou systèmes principaux essayés pour allonger la vie.
A Rome, les vieux Patriciens, ne pouvant plus
se livrer à la débauche, prenaient des bains de
sang soutiré à de jeunes esclaves.

C'est là un exemple de cynisme des plus
honteux qu'ait enregistré la Civilisation, la
belle civilisation Romaine !

Le pape Innocent VIII arrivé à une profonde décrépitude, imagina, en 1492, de se
faire infuser le sang de deux jeunes gens pris
parmi les plus beaux et les plus vigoureux.
La vie des jeunes gens était sacrifiée d'avance ;
c'était certain, car le procédé opératoire
d'alors consistait à mettre en communication
l'artère carotide des martyrs avec la veine du
vieillard ; tous deux moururent, mais le pape
ne fut pas sauvé.

Après le bain, le sang en boisson !

Louis XI buvait du sang de jeunes enfants
pour se purifier les humeurs et prolonger sa

vie, tandis que Louis XIII, dans les derniers mois de son existence, reçut par transfusion le sang d'un jeune soldat, qui en mourut, sans améliorer en rien l'anémie profonde du Roi.

Jusqu'au XVII° siècle, un grand nombre de malades et de vieillards cherchèrent le rajeunissement et le renforcement de leur organisme dans la transfusion.

Denys, célèbre médecin de la Faculté de Montpellier, vint à Paris en 1667 pour pratiquer avec l'aide d'Emmeretz la transfusion du sang comme panacée universelle. On concevait alors des espérances fabuleuses sur ce procédé. C'est le D' Pellagat qui nous le dit dans ses notes sur la *Macrobitique* d'Hufeland : « La transfusion devait, au dire des enthousiastes, devenir une panacée universelle, un moyen de prolonger indéfiniment la vie. Les miracles de la Fontaine de Jouvence allaient enfin se réaliser : plus de maladies ! La jeunesse éternelle ! La régénération de la race ! ! Les malingres et les gens faibles demanderaient désormais aux personnes vigoureuses et bien portantes de partager avec elles la richesse de leur sang. Bien plus, on espérait par la transfusion agir sur le moral, dompter le caractère de l'homme violent et emporté en lui injectant du sang d'agneau, ou le rendre courageux en lui infu-

sant non de la moëlle, mais du sang de lion.
Chacun se demandait si l'on ne pourrait pas
aussi faire naître de la laine sur le dos des
chiens en leur injectant du sang de mouton. »

La rage d'injection était si grande en ce
moment, les accidents qui en furent la suite
si nombreux, qu'un arrêt du Parlement en
date de 1668, fit défense aux médecins et
barbiers de pratiquer cette dangereuse opération alors dans tout son essor.

Le calme se fit sur la transfusion jusqu'en
1818, lorsque Blundell la tira de l'oubli,
mais, malgré ses efforts, secondés par ceux
de Milne-Edwards, malgré quelques essais assez heureux tentés par MM. Nélaton,
Marmonier, Devay et Brown-Séquard, la transfusion a eu le sort qu'elle méritait, c'est-à-
dire qu'elle est tombée dans le plus complet
oubli ; elle est aujourd'hui classée parmi les
grandes et nombreuses utopies médicales, qui
ont un succès de mode et rien d'autre.

Du reste comme le dit fort bien le Dr Pellagat : « Dans ces curieux essais, il y a bien, au
point de vue physiologique, un saisissant
exemple de l'influence d'un corps vivant sur
des organes dont le jeu est arrêté ; mais ce
n'est pas là la vie, et, pour rendre tangible
l'idée qu'on doit se faire de ce phénomène, il

faut le comparer à celui qui se passe lorsque le doigt d'un curieux vient agiter le balancier d'une pendule arrêtée; la machine se met bien en mouvement, elle oscille et l'on entend son tic-tac; mais bientôt ces signes diminuent, le balancier s'arrête et demeure immobile ; ce n'était pas la vie, le grand ressort était cassé. »

C'est, du reste, l'appareil nerveux et non le sang qui n'est qu'un intermédiaire qui fait la vie ; c'est lui qui est la pièce essentielle de la machine de transmission et d'échange entre l'être vivant et son milieu ambiant : le fluide astral.

L'appareil nerveux est bien comme l'appelle Claude Bernard le *Grand Régulateur Physiologique*, c'est le véritable ressort de l'horloge humaine, aussi quand il s'arrête ou qu'il est sur le point de s'arrêter, il n'y a qu'un moyen de le maintenir tendu et en marche. Pour lui rendre sa tension normale, il n'y a que le magnétisme, *l'influx nerveux* ; c'est-à-dire la *transfusion nerveuse*, autrement puissante que la transfusion sanguine ; celle-ci ne présentant que des inconvénients et pas un avantage.

LA TERRE PRIMORDIALE

Les Alchimistes attribuaient, dit-on, à la *Terre primordiale*, une vertu créatrice, préservatrice et conservatrice qui était capable d'agir sur les formes inanimées aussi bien que sur les formes vivantes.

On comprend par là, le grand intérêt qu'il y avait pour les alchimistes de trouver de cette fameuse terre, aussi fut-elle l'objet d'incessantes recherches.

De quoi se composait cette terre, où la trouvait-on, pouvait-on en fabriquer ?

Nous l'ignorons, mais nous savons que le grand Paracelse prétendait en avoir fabriqué et en avoir usé d'une certaine façon comme nous allons voir.

Pour se procurer de la terre primordiale le grand Alchimiste commençait par enlever de la terre vierge prise au dessous des couches végétales ou organiques. Cette terre qui n'avait jamais été atteinte par des racines était purifiée par les trois élements (feu, air et eau) par les moyens suivants :

Elle était passée à travers la flamme, puis aérée, puis lavée, alors pendant le jour, on l'imprégnait de rayons solaires, au moyen de fortes lentilles de verre et la nuit, on l'exposait à la buée du soir et à la rosée matinale. C'était le moment de l'enfermer dans des disques de terre poreuse, enfin il appliquait ces disques sur ses patients pour produire l'absoption du fluide vital.

Paracelse nous dit que, si l'on appliquait sur le nombril d'un homme un des jetons de terre sortis du disque, et sur lequel on avait inscrit certaines formules, cet homme pouvait vivre quinze jours sans prendre aucune nourriture et sans éprouver aucunement la faim.

C'est en opérant ainsi que Paracelse pouvait lui-même jeûner une assez longue période de jours, sans éprouver aucun besoin de manger, et cela lui donnait, au contraire, une sensation de calme, de repos et une puissante de cérébration ou de lucidité cérébrale ; il employait également un élixir concurremment avec le jeton de terre primordiale, afin d'augmenter les vertus fortifiantes de la terre, et par suite son action sur le cerveau.

Il faisait alors des exercices physiques assez violents, ce qui le fatiguait et le faisait tomber dans une sorte de sommeil cataleptique, dans lequel il avait des visions tellement lucides, qu'il se les rappelait en s'éveillant. Il s'asseyait alors à sa table de travail et se mettait à écrire automatiquement pour ainsi dire (comme nos médiums modernes).

On voit par là, que Paracelse connaissait la magnétisation ou l'hypnotisme) puisqu'il se suggestionnait lui-même.

ÉCHANGE DE FLUIDE VITAL

Le véritable élixir de longue vie

En étudiant, au chapitre V, l'astral, nous avons vu que le fluide astral se dégage de tous les êtres animés; que ce fluide est bien l'*akasa* le fluide primordial, qui a donné naissance à tout, c'est donc, en un mot, LA VIE.

Aussi que se produit-il dans une nombreuse assemblée ? Un échange continuel de fluide, échange indispensable à la vie humaine. Voilà une des raisons qui obligent l'homme à vivre en société, un homme seul ne fréquentant jamais personne, n'atteindrait certainement pas un âge avancé.

C'est là un fait encore peu connu peut-être, mais absolument vrai, réel.

Donc dans une grande assemblée, tous les assistants, sans exception, émettent plus ou moins de fluide astral ; les nerveux, les vigoureux, les puissants rejettent pour ainsi dire le superflu de leur vitalité, cet excédant de fluide resté suspendu dans le milieu ambiant à la disposition des faibles, des anémiés des malades. Ceux-ci absorbent ce fluide par l'intermédiaire de la polarité de leur corps, et ils s'en nourrissent, absolument comme d'une véritable nourriture.

Les êtres de l'espèce humaine peuvent donc être considérés comme de véritables tubes de verre plongeant dans un milieu liquide et dans lesquels le niveau du liquide s'établit constamment.

Les forts fournissent, les faibles absorbent, et le niveau se rétablit.

Le fluide astral et le fluide nerveux sont donc les véritables élixirs de longue vie ; il n'y en a point d'autres.

Ce système de compensation est absolument certain ; voilà pourquoi il est très dangereux par exemple, pour un jeune enfant, de vivre constamment avec un vieillard ; pour une jeune fille d'épouser un très vieux mari, c'est surtout si cet enfant ou cette jeune femme ne fréquente que peu de monde que le danger est très réel.

Il est un fait très certain, c'est que, dans le cas d'un isolement absolu des deux couples dont nous venons de parler, les deux jeunes dépérissent à vue d'œil, parce qu'ils fournissent du fluide vital aux deux vieillards (1), et il n'est pas moins certain qu'au bout d'un certain laps de temps, les êtres jeunes pourraient mourir de cette cohabition prolongée.

Aussi pouvons-nous conclure que le fluide astral est bien le seul et véritable élixir de longue vie, il n'en existe pas d'autres ; la pharmacopée peut créer des reconstituants, mais ils ne donnent pas la vie comme le fluide astral.

Nous dirons en passant que dans ces dernières années on a beaucoup abusé de ces reconstituants pour remonter la machine de l'homme et battre monnaie sur la bêtise humaine. On a surtout visé dans tout cela à faire supposer aux vieillards qu'on pouvait leur rendre du *muscle*, du ressort dont ils manquaient.

---

(1) Nous nous rappelons avoir, en 1889, soutenu entre deux séances du Congrès spirite et spiritualiste cette thèse devant MM. Papus et Lermina, et celui-ci, quelques mois plus tard fit paraître sa charmante nouvelle : *L'Élixir de longue vie.*

C'était absolument un leurre, car avant de donner du muscle, il faudrait donner la jeunesse pour supporter les fatigues et les excès que peuvent momentanément procurer les dits élixirs.

Dans cet ordre d'idées nous devons signaler, comme une pratique des plus dangereuses et des plus malsaines, les injections hypodermiques de M. Brown-Séquard, injections faites avec des liquides *testiculaires* de cobayes, récemment dénommés liquides *orchidiques*, ce qui est tout un ; mais ce dernier terme moins connu du public du vulgaire (*vulgumpecus*) prête moins à la plaisanterie que le précédent.

Cette pratique relève absolument de la Magie noire ; M. Brown-Séquard en vendant de ces drogues, exerce non la médecine, mais la Goëtie.

Nous reviendrons bientôt sur cet élixir, après avoir fait un court historique de l'élixir de vie en général.

L'homme de tout temps a cherché à allonger sa *misérable* vie ; voici, à ce sujet, les idées et les théories émises par les alchimistes du moyen-âge.

Plusieurs prétendirent avoir découvert l'or potable ou élixir philosophal, la panacée universelle non-seulement pour guérir tous les maux, mais encore pour reculer les limites de la vie au delà des termes les plus éloignés.

Ainsi Salomon Trimosin disait que « prolonger la vie jusqu'au jugement dernier, c'était pour lui bien peu de chose ».

Artéphius, alchimiste du douzième siècle, ne disait-il pas qu'il avait près de mille ans grâce à Dieu et à l'usage de la quintessence de vie.

Arnaud de Villeneuve avait également une recette qui fut longtemps célèbre.

Paracelse avait étudié la même question, il pensait avoir obtenu par distillation « l'esprit vital incorporé. »

François Bacon, qu'il ne faut pas confondre avec le grand Roger Bacon, soutenait une théorie absurde, celle de l'*imperméabilité*. Il prétendait que la vie n'était qu'une flamme intérieure, consommée par l'air ambiant, qu'il était donc indispensable de protéger cette déperdition par les pores de la peau, en l'enduisant de pommade, d'onguent et de vernis conservateur. La science a prouvé au contraire que la respiration et la perspication dermiques sont absolument indispensables à la vie. Nous ne nous appesantirons pas plus longuement sur les alchimistes et nous arriverons au fa-

meux comte de Saint-Germain connu par sa
longévité, qu'il obtenait, dit-on, à l'aide de
tisane et de thé.

Cagliostro, lui, employait dans le même but
des élixirs, dans lesquels les aromates mêlés à
de l'alcool formaient le fond.

L'un des élixirs de longévité qui a eu une certaine réputation au commencement du dix-hui-
tième siècle, c'est l'*Eau de Villars*, qui guérissait fort bien les malades, parce qu'il fallait
pratiquer un régime sain, hygiénique, exempt
de tout excès ; c'était là sans doute le meilleur
appoint de guérison, car l'eau de Villars ana-
lysée par un chimiste démontra que cet élixir
n'était que de l'eau de Seine assez impure. Il
est vrai que cette eau pouvait guérir par suggestion.

A notre époque, nous venons de le voir, la
transfusion du sang a repris quelque faveur,
cette pratique est extrêmement dangereuse,
nous l'avons déjà dit, et relève de la magie
noire, mais c'est elle qui a certainement donné
à MM. Brown-Séquard et d'Arsonval l'idée de
préparer leur liquide organique, qui contient
en *apparence* un ferment de vitalité, c'est
celui-ci qui donnerait de la force et de la
vigueur à ceux qui en manquent.

Les liquides organiques sont injectés sous

la peau avec une petite seringue spéciale (coût 25 fr.) bien préférable à celle de Pravaz qui coûte beaucoup moins.

La piqûre se fait dans certaines parties du corps ; mais ici le prospectus est si amusant, que nous ne saurions résister au plaisir de le citer littéralement.

« 5. *Lieux d'élection des piqûres.* — Choisir les régions où le tissu cellulaire est le plus lâche, le plus dilatable ; l'abdomen au niveau des flancs, le bas de la région dorsale près de la région lombaire, la fesse (schocking !) l'espace interscapulaire, etc.

« Lorsque le malade accuse une douleur trop vive, nous conseillons de faire les injections intramusculaires. Il suffit d'enfoncer dans la fesse (on tient au mot décidément) l'aiguille tout entière et perpendiculairement à la peau. »

Nous nous sommes fait injecter nous-mêmes, afin de pouvoir rendre compte à nos lecteurs, non des résultats vigoureux, mais de l'effet douloureux que produit l'injection,

Et bien ! nous avons éprouvé une douleur intense, comme un fort coup de poing qu'on nous aurait donné sur la partie charnue, sur laquelle la piqûre a été faite. Tudieu ! quelle douleur ! Elle a rempli, non mon cœur, mais tout mon être, de fourmillements, de picotements tels, que j'ai cru mon corps tout entier envahi par des myriades de puces de très forte taille.

Aussi le diable m'emporte si on m'y reprend jamais. J'aime la science et surtout de renseigner exactement mes lecteurs; mais enfin mon dévouement doit avoir des bornes.

Je dois ajouter encore que je me suis bien gardé de me faire injecter, par mon ami le docteur, du liquide testiculaire ; c'est de l'eau pure et claire que j'ai dégustée par injection hypodermique, car il est utile de dire que, suivant l'état de santé de l'animal qui a fourni sa pauvre marchandise pour fabriquer le liquide *organique !!!* on peut attraper des maladies aussi dangereuses que variées.

Et dire que l'espèce humaine dépense en ce moment des sommes fabuleuses pour absorber de cette drogue qui se vend horriblement cher (4 fr. les 3 ou 4 grammes) au laboratoire des *Produits physiologiques !* Enfoncé les produits chimiques. Aussi, cher lecteur, croyez-moi, il vaut mieux encore vous offrir de l'*Extractum carnis* Liébig dans vos potages et vos ragoûts ; ce sera aussi reconfortant et à bien meilleur compte.

Passons aux doses à injecter sous l'épiderme.

« Il est impossible, comme le fait remarquer le célèbre professeur X, nous dit le prospectus, de donner dès à présent des règles pour chacun des liquides organiques (je te crois, ô prospectus) ainsi qu'à l'égard de la quantité et de la fréquence des injections. Dans la pratique des tâtonnements ne pourront être évités.

« Les doses, en effet, varient suivant les diverses indications, les effets produits ou à obtenir, etc, mais on peut dès à présent se baser sur ceci :

« Pour le liquide actuellement le plus employé, le liquide testiculaire, on peut aller de 3 à 8 grammes par jour. Lorsqu'on se sert des solutions qui sortent de notre laboratoire, la dose initiale est donc représentée par une ampoule (prix 4 fr.), c'est-à-dire 3 grammes de liquide, et les injections d'une manière générale se font tous les jours ou trois fois par semaine. Dans ce dernier cas, il faut injecter le contenu de deux ampoules (coût 8 francs).

« Dans l'ataxie, le mieux est de faire chaque jour une injection de 3 grammes, » et MM. les deux docteurs qui prônent leur système ajoutent :

« Comme un effet favorable peut ne se montrer qu'après quelques semaines de traitement,

il ne faut pas cesser les injections avant au
moins trois ou quatre semaines, lorsque
l'effet ne s'obtient pas. Un ataxique, maintenant guéri (ou mort?), n'a commencé à s'améliorer qu'au bout d'un mois.

Mais alors ce qu'il avait de muscles !
Il fallait voir ! Grands Dieux !!

« Il y a nombre d'affections pour lesquelles
le traitement doit être continué sans limites
qu'on puisse prévoir. C'est le cas pour la tuberculose pulmonaire, le cancer, la maladie
d'Addison, la maladie de Parkinson, la
lèpre, etc. Les scléroses de la moëlle épi-
nière (celle des cordons latéraux ou des cordons supérieurs), la myclite, les tumeurs
fibreuses de l'utérus, etc., réclament au moins
deux ou trois mois de traitement. Il va sans
dire que « les injections contre la sénilité
doivent être continuées jusqu'à la mort » de
sorte que, quand on a commencé à mettre
les pieds dans ce guépier, on n'en peut plus
sortir. Ah ! quels hommes, quels dentistes que
ces fabricants de liquides, il n'y a qu'eux !...
qui se portent bien avec les liquides qu'ils
font absorber aux autres par injection hypodermique.

Maintenant, il paraît que les vieillards qui
manquent de ressort, qui, par conséquent, ne

peuvent plus cultiver la brune, la blonde et même la rousse, peuvent, après avoir absorbé du liquide organique, accomplir les travaux qu'Hercule avait accomplis en collaboration des onze mille vierges !

Et dire qu'une commission de médecins a lu un rapport à l'Académie de médecine, d'après lequel douze cents médecins déclarent merveilleux les résultats obtenus par le liquide testiculaire qu'ils demandent de dénommer *liquide orchidique*, car le nom grec leur paraît plus convenable, étant surtout moins connu du *vulgum pecus*.

Dans toutes les questions d'hygiène, de thérapeutique, de pathologie, de vivisection ou de physiologie, jamais deux confrères ne sont du même avis ; mais dès qu'il s'agit de faire une piqûre à 20 fr., plus 4 fr. de liquide, les mêmes docteurs, au nombre de douze cents, déclarent merveilleuses les cures obtenues par les *liquides orchidiques*. Ceci nous donne beaucoup à réfléchir, ou du moins nous ouvre grandement l'intellect !

Décidément le vieux doyen de la Faculté de médecine, qui nous disait un jour finement que le microbe le plus dangereux pour le Parisien, c'était les quatre mille médecins que renfermait Paris, pouvait bien avoir raison !

Nous avons tenu à consigner ici cette médecine de Goétie, pour montrer jusqu'où peut
conduire à notre époque l'amour du lucre.
Nous espérons bien que cette publicité faite
autour des *liquides organiques* sera un jour
une honte pour nos soi-disant savants !

CHAPITRE IX

LES AMES DIVERSES DE L'HOMME

Nous avons vu précédemment que si l'on
provoque l'hypnose, on peut en augmenter
graduellement l'effet et déterminer trois
états principaux différents dénommés états
superficiels de l'hypnose.

A première vue, il est difficile de s'expliquer pourquoi une même opération magnétique peut faire passer le sujet par trois états
si différents, puisque nous avons vu qu'une

primipare, endormie hypnotiquement, éprouvait suivant les différentes phases de l'hypnose une analgésie plus ou moins profonde.

Cela tient à un fait qui est jusqu'ici resté inexplicable, et que nous pensons pouvoir expliquer par la possession par l'homme de trois âmes différentes, comme nous allons le voir, lesquelles âmes correspondraient aux trois états principaux de l'hypnose.

Nous savons qu'en psychologie, il existe trois mondes : le monde physique, le monde astral et le monde spirituel ; or, l'homme étant l'image du monde, du *Macroscome*, puisqu'il est un *Microscome*, est également composé de trois éléments ; mais ceux-ci sont doubles dans l'homme ; ils sont dominés par l'essence divine ou *Atma*, après laquelle il y a l'âme spirituelle ou *Budhi* et le corps spirituel ou *Manas* ; puis l'âme astrale ou *Kama* et le corps astral ou *Linga Sharira;* enfin l âme physique où *Prana* et le corps physique ou *Rupa*.

Dans son intégralité, l'homme est donc composé de sept élémens ou *Principes*, qui même durant la vie terrestre peuvent être séparés artificiellement, mais qui le sont naturellement à la mort.

On voit par ce qui précède que la personnalité humaine est fort complexe et qu'elle possède trois âmes : l'âme spirituelle, l'âme astrale et l'âme physique, parfaitement distinctes l'une de l'autre. C'est cette triple propriété qui peut donner lieu à ces cas de double conscience, si difficiles à expliquer parfois chez un seul et même individu. C'est également cette richesse d'âmes qui peut permettre à certaines individualités de perdre une ou deux âmes et de ne pas être pour cela anéanties, c'est-à-dire tomber dans le néant.

Où résident ces âmes dans le corps humain, il est bien difficile de le dire.

Descartes, qui n'admettait qu'une âme, plaçait son siège dans la glande pinéale, c'est-à-dire dans le point central du cerveau.

Les occultistes qui en admettent trois ne donnent pas le milieu où elles résident.

Pour nous, s'il nous fallait absolument désigner la partie du corps où sont placées les âmes humaines, nous appuyant sur un procédé de magnétisation d'un magnétiseur, qui dirige son influx sur la tête, sur l'épigastre ou sur le cœur et sur les parties génitales de son sujet, nous dirions que l'âme spirituelle a son siège dans la glande pinéale, comme le dit Descartes, l'âme astrale dans l'épigastre ou dans le cœur et l'âme physique dans les parties génitales.

Nous appuierons nos propositions sur ce fait, que le magnétiseur en question nous a affirmé avoir endormi les sujets les plus réfractaires, en dirigeant trois cônes de fluide, l'un sur le cerveau, l'autre sur l'épigastre ou le cœur, enfin le troisième sur les parties génitales.

Pour justifier le siège de l'âme spirituelle, nous nous appuyons sur l'opinion de Descartes, pour justifier le siège de l'âme astrale, sur ce fait que les sujets magnétisés les somnambules ou les médiums ne se dégagent, c'est-à-dire n'expulsent l'astral de leur corps, qu'après une forte aspiration qui a l'air de s'engloutir dans l'épigastre : enfin nous plaçons le siège de l'âme physique dans les parties génitales, parce qu'elles servent à l'acte de la génération, du reste, ces trois foyers sont des centres nerveux très puissants.

Les faits que nous venons d'avancer pourront surprendre un grand nombre de lecteurs, principalement le fait de l'existence de trois âmes, d'autant que beaucoup nient cette même existence, mais il n'en est pas moins réel, et si nous avançons que l'homme possède trois genres d'âmes, nous dirons que certains occultistes vont plus loin encore, puisqu'ils prétendent que certaines individualités peuvent avoir soit deux âmes physiques, soit deux âmes astrales, soit deux âmes spirituelles, également distinctes l'une de l'autre.

Nous avouons ne pas comprendre l'utilité et le pourquoi de ces âmes en double, (1) que l'homme possède une âme de chaque catégorie pour s'en servir sur le plan physique, sur le plan astral, sur le plan spirituel, c'est admissible, cela nous paraît utile en tout cas; mais pourquoi des doubles, nous n'en voyons pas l'utilité. Au surplus, n'insistons pas sur ce point très délicat et difficilement explicable, et revenons à la constitution de l'homme.

Nous venons de voir plus haut que les éléments constitutifs de l'homme peuvent être naturellement séparés par le simple phénomène de la mort physique; les deux éléments matériels *Prana*, la vitalité, et *Rupa* le corps sont séparés des autres éléments d'une manière différente, ainsi la vitalité (*Prana*) est subitement dissoute, puisque c'est elle qui cause la mort, tandis que le corps demande un temps plus ou moins long pour accomplir cette même dissolution.

Voilà ce qu'on croit généralement.

---

(1) Il est vrai qu'il a deux yeux, deux oreilles, deux narines.

Or, les adeptes de l'occultisme nous apprennent, au contraire, qu'il arrive parfois que la vitalité persiste plus longtemps que le corps ; c'est-à-dire que la vitalité survivant à l'oxydation du cadavre reste attachée aux autres éléments constitutifs de l'homme, et c'est par cette vitalité que les morts (les désincarnés) peuvent se manifester sur le plan physique. Cette persistance de la vitalité produit les fantômes ou manifestations spiritiques ; c'est à ce genre d'apparition qu'on doit donner le nom de *coques terrestres* ou mieux *coques astrales*, *Elémentaires*, etc., ce n'est en effet que l'enveloppe humaine, la coquille de l'être pour ainsi dire.

Mais l'homme désincarné peut aussi se communiquer aux vivants avec le corps et l'âme astrals (*Linga sharia* et *Kama*) ; il le peut d'autant mieux que même de son vivant, l'homme peut apparaître, loin de son corps physique par le même moyen. Nous pouvons affirmer le fait en ayant eu de nombreux exemples, absolument certains, authentiques, quotidiens presque depuis près de dix ans.

Mais le désincarné peut encore apparaître aux vivants par un troisième moyen, par le mode spirituel ; c'est même celui qui donne les meilleurs résultats, parce qu'il n'y a guère que les esprits élevés qui puissent l'utiliser.

Disons ici qu'il y a plusieurs genres de mort et non un seul, comme on le croit généralement : la mort physique, la mort astrale et la mort spirituelle, celui qui a passé par ces trois morts, ne vit plus que de la *vie Atmique*, c'est-à-dire la plus élevée, c'est une sorte de Dieu, ou si le terme parait trop hasardé, trop ambitieux, disons un demi-Dieu, car l'être atmique est arrivé pour ainsi dire à la perfection, au *Nirvana* des Hindous.

Dans l'état d'avancement actuel de notre planète, l'humanité n'atteint pas généralement la mort spirituelle, aussi c'est le plus ordinairement du plan spirituel que l'individu descend dans les deux autres plans inférieurs (astral et physique) pour se réincarner. Beaucoup d'individus même n'arrivent pas à la mort astrale, ceux-ci descendent alors du plan astral au plan physique.

Le plan astral est ce que les Américains dénomment *Summerland* (terre très élevée) en effet l'astral est l'espace intermédiaire placé entre la terre et les régions éthérées occupées par les êtres spirituels et atmiques. Cet espace est habité, d'après nous, par des personnes ayant quitté pour un temps plus ou moins long le plan physique, soit par la mort physique, soit par une grave maladie. Les vivants humains habitent dans le sommeil le plan astral, c'est là un fait indubitable, parce que si beaucoup d'êtres humains ne se rappellent pas leur vie astrale, beaucoup d'autres connaissent cette existence.

Les pauvres diables qui s'enivrent pour oublier les tristesses de leur présente existence, les buveurs d'éther, les fumeurs de haschich et d'opium, tous ces gens-là ne se trouvent heureux que dans l'existence astrale, et c'est pour cela qu'ils abusent des énivrants, des stupéfiants et des narcotiques. Ils emploient ces moyens pour se dégager de leurs corps, pour quitter le plan physique et vivre momentanément dans l'astral, mais hâtons-nous d'ajouter que ces pratiques sont extrêmement dangereuses, car on s'expose aux plus graves dangers ; on arrive à la folie et à la mort. Que d'êtres se sont ainsi suicidés sans le savoir !

Ce qui précède fait que nous ne saurions admettre la théorie suivante émise par le Dr Anna Kingsford, théorie que nous trouvons dans le Lotus Bleu (n° 2, vol. 2, 7 août 1890).

«Les *Intelligences astrales*, bien que n'étant pas d'intelligentes personnalités, servent fréquemment de *médiums* au moyen desquels les idées intelligentes opèrent et servent de moyens de communications entre les personnalités intelligentes.

« De même que les corps solides flottent sur l'eau, bien que l'eau ne soit pas un agent intelligent dans son ensemble, et qu'elle soit prise comme moyen de transport; de même les idées, les mots, les sentences, tout un système de philosophie, peuvent naître dans une conscience au moyen des courants de force magnétique.

« La plus petite cellule est une *Entité*, car elle a en elle-même le pouvoir de se reproduire, de se propager et la *Substance astrale* ne l'a pas. C'est une empreinte, un écho, une ombre, un reflet ».

La regrettée Mme Kingsford fait ici une confusion, elle ne considère l'*astral* que comme une substance, tandis que c'est aussi un milieu « le plan astral » comme notre terre est « le plan physique », elle ne voit que l'eau, elle oublie de tenir compte des animaux qui vivent dans l'eau.

Le plan astral renferme bien la substance astrale, comme le plan physique renferme la terre et l'eau ; mais le premier plan contient aussi des êtres, lesquels êtres sont certainement intelligents, puisqu'ils ne sont, en partie du moins, que des êtres ayant vécu sur

notre terre et qui sont appelés à y revenir
pour compléter leur éducation, leur instruction, leur perfectionnement ; c'est pour cela,
qu'après un laps de temps plus ou moins long
dans le plan astral, ils se réincarnent dans le
plan physique pour poursuivre leur destinée.

Si nous ne partageons pas l'opinion d'Anna
Kingsford en ce qui concerne les idées exprimées dans les quelques lignes qui précèdent,
nous partageons entièrement son avis pour
les idées qui suivent : « L'atmosphère dont un
homme s'entoure, nous dit le docteur, la *respiration* de son âme, affecte le fluide astral. La
réverbération de ses propres idées reviennent
sur lui. Le souffle de son âme colore, donne le
goût à ce que son *sensorium* lui a transmis.

« Il peut se rencontrer avec des idées
contradictoires, avec une représentation systématique de doctrine ou de conseils différents
de ses vues personnelles. Alors son esprit n'est
pas suffisament positif ; il subit, au lieu de les
diriger, les manifestations de l'agent électrique. Puis, l'influence du milieu, que traversent les mots, agit encore, et, comme c'est
souvent le cas, une batterie magnétique de
pensée plus forte l'emporte sur les autres et
c'est elle qui agit sur le courant.

« C'est ainsi que les nouvelles doctrines sont

« dans l'air » et s'étendent avec la rapidité d'une dépêche télégraphique. Un ou deux forts esprits prennent l'initiative, et l'impulsion traverse la masse de lumière latente, influençant par correspondance tout ce qui peut se trouver en relation avec elle.

« Dans l'homme au moment de la conception, le fluide astral se transforme en vie humaine ; le *fluide astral* devient l'enveloppe de l'âme et constitue le *corps sidéral* qui, à son tour, devient le générateur du corps extérieur.

« L'homme intérieur, qui, en fin compte, est immortel, se compose d'âme et d'esprit. Le fantôme sidéral et le corps extérieur doivent diparaître tout à fait, à moins qu'ils ne se transmutent pendant le séjour de l'âme et de l'esprit. Aussi le corps sidéral étant le générateur des sens, est le *Tentateur*. »

Tout ce qui précède renferme des idées qui pourront paraître bien neuves, bien excentriques peut-être à certains lecteurs, mais elles n'en sont pas moins vraies et en tout cas logiques.

Et pour prévenir certaines critiques à leur sujet, nous ne saurions mieux terminer ce chapitre qu'en mentionnant les lignes suivantes de l'immortel auteur du calcul des probabilités :

« Nous sommes si loin de connaître tous les agents de la nature et leurs divers modes d'action, qu'il serait peu philosophique de nier des phénomènes, uniquement parce qu'ils sont inexplicables dans l'état actuel de nos connaissances ; seulement nous devons les examiner avec une attention d'autant plus scupuleuse qu'il paraît plus difficile de les admettre. »

Ces lignes peuvent s'appliquer non seulement à ce que nous avons dit précédemment, mais encore et surtout à ce qui va suivre.

CHAPITRE X

DE LA TÉLÉPATHIE

Sous le terme générique de *Télépathie*, on comprend aujourd'hui tout ce qui concerne la transmission de pensées ou de sentiments, sans que la personne qui transmet sa pensée ou son sentiment ait prononcé une parole, écrit un mot, ou fait un signe quelconque pour se faire comprendre. Du reste, la télépathie s'exerce de près comme de loin.

Sous le nom d'*hallucinations télépathiques*, certains savants français abordent l'étude de ces phénomènes curieux de communication de pensée ou de vision, de fantômes, constatés par un nombre considérable de personnes. Ce genre d'étude se rattache soit à la science occulte, soit au spiritisme, suivant les faits étudiés, faits qui sont des plus variés.

On applique généralement ce terme de télépathie à une classe de faits qui semblent, de prime abord, fort différents d'une simple transmission de pensée : ce sont les apparitions non de morts, mais d'êtres réellement vivants, soit qu'ils se montrent loin de leur corps pendant le sommeil, soit à l'article de la mort ou pendant que des personnes vivantes traversent une crise très grave de maladie. Dans de telles circonstances, on a vu très souvént une personne apparaître à une autre. Ce sont là des faits aujourd'hui absolument prouvés et démontrés par des milliers d'expériences, vérifiés et contrôlés par des commissions savantes, telles que celles de la *Society for psychical Researches*, dont le siège est à Londres (1).

Si un phénomène semble s'inscrire en faux contre le matérialisme, ce sont bien les faits de télépathie qui sont consignés dans un énorme volume qui a pour titre : *Les Hallucinations télépathiques*, par MM. Gurney Myers et Padmore, traduit de l'anglais et abrégé de *Phantasm of the Living*, par M. L. Marillier, maître de conférences à l'Ecole pratique des hautes études, précédé d'une préface du Dr Charles Richet. Ajoutons que cet ouvrage(2) a été écrit à la demande de la Société pour les recherches psychiques dont nous venons de parler.

Or voici ce que nous lisons page 7 de l'Introduction de l'ouvrage en question.

---

(1) Voici les noms de quelques membres de cette Société :

PRÉSIDENT : Henry Sidgwick, professeur de l'Université de Cambridge.

MEMBRES HONORAIRES : J.-C. Adams, F. R. S., William Crookes, F. R. S., W.-E. Gladstone, John Ruskin, Lord Tennyson, Alfred Russel Walace, G.-F. Wats.

MEMBRES CORRESPONDANTS FRANÇAIS : MM. Beaunis, Bernheim, Féré, Pierre Janet, A. Liébeault, Th. Ribot Ch. Richet, H. Taine (a). — Secrétaire pour la France M. Léon Marillier, 7, rue Michelet, Paris.

(a) Celui-ci aujourd'hui décédé.

(2) Un volume in-8° Paris, FÉLIX ALCAN, éditeur, 1891.

« Il me semble tout à fait improbable que la télépathie puisse recevoir une explication purement physique, bien que cette explication soit logiquement concevable. Il est difficile en effet, de compter au nombre des forces de la nature matérielle, une force qui, à l'encontre de toutes les autres, semble n'être point diminuée par la distance, ni arrêtée par aucun obstacle. Si donc la télépathie est un fait démontré, il faut introduire dans l'ensemble des faits d'expériences, un élément nouveau qui constituera un sérieux obstacle à la synthèse matérialiste. Cette conception d'un esprit actif et indépendant du corps, tout à fait nouvelle dans la science expérimentale, se trouve dans les formes les plus élevées de la religion. Nos expériences suggèrent l'idée, qu'il peut exister entre les esprits des relations qui ne peuvent s'exprimer en termes de matière et de mouvement, et cette idée jette une nouvelle lumière sur l'ancienne controverse entre la science et la foi. »

L'ouvrage que nous venons de mentionner est bourré de faits, on les compte par milliers, mais combien plus longue pourrait être la nomenclature, car il s'en produit des centaines chaque jour.

Nous allons en mentionner un ici, qui

emprunte aux personnages desquels il relève un caractère presque historique, car noûs ne pouvons admettre que la Duchesse de la Torre ait forcé la note, dans une circonstance pour elle aussi grave et aussi douloureuse.

Or, voici ce que nous lisons, page 153 d'un charmant volume, intitulé : *Choses vraies* (1).

« Depuis douze longs mois une maladie bien grave, hélas ! puisqu'elle devait l'emporter, minait la vie de mon mari. Sentant que sa fin approchait à grands pas, son neveu, l'illustre général Lopez Dominguez qui, dans cette douloureuse circonstance, se conduisait comme un véritable fils, se rendit auprès du président du Conseil des ministres, M. Canovas, pour obtenir qu'à son décès Serrano fût enterré, comme les autres maréchaux, dans une église.

« Qu'il me soit permis à ce sujet de poser un point d'interrogation que je termine par un vœu !

« On a élevé à Madrid une superbe basilique où l'on enterre les gens de lettres, ceux dont

---

(1) *Choses vraies* par Mᵐᵉ la maréchale Serrano, Duchesse de la Torre ; 1 vol. in-12, librairie de la *Nouvelle Revue*, Paris, 1893.

l'esprit et la plume ont illustré l'Espagne. C'était justice; il mérite tout de la patrie, celui qui en a chanté la gloire. Mais pourquoi un même Panthéon n'existe-t-il pour les hommes de guerre ? Celui qui a versé son sang pour défendre son pays, pour maintenir son intégralité, n'a-t-il pas droit aux mêmes honneurs ?

Le roi, alors au Pardo, repoussa la demande du général Lopez Dominguez. Il ajouta pourtant qu'il prolongerait son séjour dans le domaine royal, afin que sa présence à Madrid n'empêchât pas que l'on pût rendre au maréchal les honneurs militaires dûs au rang et à la haute situation qu'il occupait dans l'armée.

« Les souffrances du maréchal augmentaient chaque jour; il ne pouvait plus se coucher et restait constamment sur un fauteuil.

« Un matin, à l'aube, mon mari, qu'un état de complet anéantissement causé par l'usage de la morphine paralysait entièrement et qui ne pouvait faire un seul mouvement sans le secours de plusieurs aides, se leva tout à coup seul, droit et ferme, et d'une voix plus sonore qui ne l'avait jamais eue de sa vie, il cria dans le grand silence de la nuit :

« — Vite, qu'un officier d'ordonnance monte à cheval et coure au Pardo : le Roi est mort !

Il retomba épuisé dans son fauteuil. Nous crûmes tous au délire et nous nous empressâmes de lui donner un calmant.

« Il s'assoupit, mais quelques minutes après, de nouveau, il se leva. D'une voix plus affaiblie, presque sépulcrale, il dit : — Mon uniforme, mon épée ; le Roi est mort !

« Ce fut sa dernière lueur de vie. Après avoir reçu, avec les derniers sacrements, la bénédiction du Pape, il expira. Le Roi mourut sans ces consolations.

« Cette soudaine vision de la mort du Roi par un mourant était vraie. Le lendemain, tout Madrid apprit avec stupeur la mort du Roi qui se trouvait presque seul au Pardo.

« Le corps royal fut transporté à Madrid. Par ce fait, Serrano ne put recevoir l'hommage qui avait été promis.

« On sait que lorsque le Roi est au Palais de Madrid, les honneurs sont seulement pour lui, même s'il est mort, tant que son corps s'y trouve.

« Coïncidence étrange : ce fut l'ordre de service approuvé par le Roi et prescrivant les honneurs que l'armée devait rendre à Serrano qui servit au Roi.

« Alphonse XII avait signé cet ordre lui-même, la date était restée en blanc.

Fut-ce le Roi lui-même qui apparut à Serrano ? Le Pardo est loin ; tout dormait à Madrid ; personne, si ce n'est mon mari, ne savait rien. Comment apprit-il la nouvelle ? Voilà un sujet de méditation pour ceux qui croient au spiritisme ».

Pour nous, c'est un fait de télépathie. En effet, ou le roi au moment de mourir a pensé à Serrano et s'est rendu en *astral* auprès de lui ou bien c'est le maréchal qui, pensant au Roi, a dégagé son corps fluidique et s'est rendu auprès du roi.

Du reste beaucoup de voyageurs ont raconté, dans le récit de leurs voyages, un fait généralement connu, c'est que les Peaux-Rouges ont une sorte de télégraphie mentale, qui leur permet de correspondre sans signaux ni fils à des distances incroyables. Les Indiens de la plaine des États-Unis sont réputés pour ce genre de télégraphie. — Les Indiens de toutes les autres parties des deux Amériques le pratiquent également ; la façon dont ils parviennent à communiquer entre eux est une sorte de mystère qu'ils n'ont jamais voulu révéler. On a mis en avant de nombreuses théories pour expliquer ce fait, mais aucune de ces théories n'a pu fournir la clef du phénomène.

10.

La seule chose bien et dûment constatée c'est que les communications sont données et reçues entre les personnes très éloignées les unes des autres, et qu'après des enquêtes sérieuses, les enquêteurs ont été obligés de constater la réalité des communications ; mais comme, d'un autre côté, l'enquête a établi que ce pouvoir de communiquer à de grandes distances n'est concentré que chez certains individus de la tribu ou de la nation ; nous pouvons conclure que ces hommes sont de puissants médiums qui dégagent leur astral et échangent ainsi les dépêches.

Du reste, la télépathie mentale est également pratiquée au Thibet et dans beaucoup d'autres pays entre des amis et des personnes ayant l'une pour l'autre beaucoup de sympathie, nous avons pu souvent vérifier le fait par des expériences personnelles.

Voici un échantillon de ce genre de télépathie, qui s'est accompli, pour ainsi dire, sous nos yeux et, dont nous garantissons l'exactitude.

Une dame habitant Paris, Mme A., écrit à son amie Mme B. habitant Nice :

Ma chère amie, pensiez-vous à moi, hier, 5 mai entre 4 heures et 4 heures 1/2 du soir ?

Mme B. répondit à son amie.

— Oui, le 5 mai, il faisait très chaud, et vers 4 heures je pensais à vous et m'endormis.

Et quelques jours après Mme B. recevait de Paris cette lettre :

« Ma chère amie,

« Voici l'explication de mon petit mot du 6 mai, Mme H*** étant venue me voir, nous avons pris la table ; après une communication de Mme V*** (morte) et une autre d'un esprit qui a dicté ces quelques paroles : « Mme A. vous devez croire à l'immortalité, parce que vous vivez sprituellement ; Mme H. est convaincue par cette même raison ; vous êtes toutes deux avides de connaître ; Mme H*** a la foi dans l'âme et vous dans l'esprit ! »

« Après ces quelques mots, l'écriture du médium à son grand étonnement a tout à fait changé, elle est devenue ressemblante à la vôtre et voici ce qui a été dicté, écrit pour mieux dire : « Mme H***, comme vous avez du fluide magnétique ! Je voudrais en profiter pour donner quelques bons avis à mon amie.

« Ma chère amie, ne me croyez pas partie pour le pays des rêves ; je suis bel et bien près de vous, très étonnée de ce qui se passe ; oui, c'est étrange... un silence... — Puis je demande :

« Êtes-vous heureuse dans la vie en ce moment ? — Non pas trop ; le cœur est an-
goissé (1)... et vous continuez : Mme H*** vous
avez toutes mes sympathies, je vois près de
vous un enfant, il vous regarde avec amour,
il y a ici beaucoup d'esprits ; cette chambre est
comme incandescente !... le reste hélas est
illisible.

« Voilà, chère amie, il était à peu près 4 h. à
4 h. 1/2, selon moi, vous êtes bien venue près
de nous dans votre corps astral.

« La médiumnité de Mme H*** se développerait
beaucoup, si j'avais plus de libertés pour nous
voir plus souvent, etc. »

Nous ajouterons que la personne qui était
venue près de son amie de Paris, avait souvent accompli le même voyage en astral auprès d'autres personnes, mais qui l'avaient
évoquée.

Ce n'est, non pas une seule fois, que cette
personne a accompli son déplacement astral,
mais très souvent, seulement comme la personne, sans être ni malade ni hystérique,
comme le croit l'École de la Salpêtrière, pour

---

(1) Mme B*** avait reçu le matin une lettre de sa famille qui l'avait fort peinée.

de pareils cas, comme cette personne, disons-nous, est d'une faible complexion, elle n'aime pas tenter ce genre d'expérience qui présente de réels dangers.

Aujourd'hui, il n'est plus possible de nier la communication télépathique entre les vivants, il n'y a guère que les gens qui ne se sont pas occupés de la question, ou des gens de mauvaise foi qui puissent nier ce fait important de la Psychologie.

Cependant nous voulons donner encore une dernière preuve en transcrivant les lignes suivantes : « Mais nous pensons que nous avons prouvé par l'expérimentation directe que deux esprits peuvent communiquer entre eux par des moyens que ne peuvent expliquer les lois scientifiques connues, et nous affirmons que, par nos recherches sur les phénomènes les plus élevés du magnétisme, nous en sommes arrivés à un point où certains faits étranges prennent un aspect intelligible. »

Qui parle ainsi, d'une manière aussi nettement affirmative? sans doute un pauvre naïf sans valeur.

Le lecteur se tromperait étrangement s'il admettait une pareille supposition, c'est qu'en effet, les lignes qui précèdent sont tirées de l'Introduction de *Hallucinations télépathiques*, et sont signées par M. L. Marillier, maître de conférences à l'École pratique des hautes études.

Après cette autorité, nous n'avons plus rien à dire pour prouver la réalité des communications télépathiques ; tous commentaires seraient, ce nous semble, superflus.

CHAPITRE XI

FORCE PSYCHIQUE. — SPIRITISME

Dès l'instant que deux esprits vivants, (deux humains) peuvent communiquer entre eux, pourquoi, puisque l'esprit de l'homme, c'est-à-dire son souffle spirituel est immortel, pourquoi cet esprit de l'homme mort ne pourrait-il aussi se communiquer aux vivants, dans certaines conditions d'ailleurs, que nous allons étudier.

Aujourd'hui, il n'est plus possible de nier les communications télépathiques entre les vivants, nous croyons l'avoir démontré dans le précédent chapitre.

Les communications avec les morts ont de tout temps existé, nous n'en referons pas ici l'histoire qui traîne dans tous les livres de spiritisme ; nous ne donnerons cependant qu'une preuve en faveur de la thèse spirite ; c'est que Moïse avait interdit la nécromancie à son peuple, or, s'il lui avait interdit de communiquer avec les morts, c'est qu'il était persuadé que cette communication était possible, on n'interdit pas une chose impossible, on ne peut interdire qu'une chose faisable ; donc, puisque Moïse, initié Égyptien, avait interdit la nécromancie, c'est que les communications entre les vivants et les morts pouvaient exister, et cela nous suffit ; nous n'avons pas à insister pour démontrer le fait.

Nous n'aurons plus qu'à étudier comment se fait cette communication et par qui elle se fait de l'autre côté de la vie, c'est là le point essentiel ; ajoutons que si nous traitons ici cette grave question, c'est que nous allons le faire d'une manière neuve, originale et aussi complète que possible dans un livre aussi résumé que le nôtre.

Et tout d'abord constatons tous les phénomènes spiritiques.

Tous les faits qui s'accomplissent par la force psychique, c'est-à-dire avec le fluide astral, ou le fluide vital ou nerveux, car le nom ne fait rien à la chose, tous ces faits nous les avons vus, de nos propres yeux vus, ce qui s'appelle vu.

Il y a aujourd'hui trente-un ans que nous nous occupons du spiritisme et ce n'est guère que depuis trois ou quatre ans que nous croyons tenir la solution de ce grand problème, qu'aucun savant n'a osé donner. Ils constatent bien une force qui fournit tels effets, mais ils ne veulent ou ne peuvent s'expliquer sur le moteur qui actionne ces faits.

Nous venons de dire que nous avons vu tous les phénomènes spiritiques, c'est très vrai ; nous devons cependant ajouter que diverses personnes ont vu et constaté la pénétration de corps solides, c'est-à-dire ont pu voir deux anneaux de bois, de rideaux par exemple, tournés dans une seule pièce de bois, se pénétrer réciproquement pour former une chaîne, d'autres ont vu deux cordes de chanvre sans fin se pénétrer également, voilà un phénomène que nous avouons n'avoir jamais vu, d'une façon directe.

Ceci dit, nous n'entrerons pas dans de longues explications, nous n'irons pas chercher des preuves chez Home, chez W. Crookes et chez d'autres encore.

Nous nous bornerons à rapporter les titres des dernières expériences pratiquées à Milan par divers personnages parmi lesquels des docteurs matérialistes, c'est-à-dire les moins susceptibles de croire à ce qui n'est pas.

Les expériences en question ont été pratiquées avec le médium Eusapia Paladino; et puis, nous donnerons l'affirmation des hommes de science.

LES EXPÉRIENCES PRATIQUÉES A MILAN AVEC L'AIDE D'EUSAPIA PALADINO

Nous n'avons pas voulu donner le compte-rendu *in-extenso* des séances; parce qu'il constitue un très long document, ensuite nos lecteurs n'y verraient pas d'autres expériences que celles qui se pratiquent dans les réunions spirites; mais nous donnons, dans l'ordre, la série numérotée des expériences et puis le certificat de vrais savants les déclarant exactes, sincères et pratiquées sans aucune supercherie possible, le nom du Dr Lombroso, le célèbre criminaliste et matérialiste italien est un sûr garant de l'authenticité des faits observés et qui l'ont été dans l'ordre suivant :

*Les notes qui suivent sont de très courts extraits de l'*ITALIA DEL POPOLO, *N° du 18 Novembre 1892. (Supplément).*

I

PHÉNOMÈNES OBSERVÉS A LA LUMIÈRE

1° MOUVEMENTS MÉCANIQUES INEXPLIQUABLES AVEC LE SEUL CONTACT DES MAINS.

A. *Soulèvement latéral d'une table, au contact des mains du médium assis à l'un des côtés les plus courts de celle-ci.*

B. *Mesure de la force appliquée au soulèment de la table.*

C. *Soulèvement complet de la table.*

D. *Variation de la pression exercée par tout le corps du médium assis sur une balance*

2° MOUVEMENTS MÉCANIQUES AVEC LE CONTACT INDIRECT DES MAINS DU MÉDIUM, EXERCÉ DE MANIÈRE A RENDRE IMPOSSIBLE L'ACTION MÉCANIQUE.

A. *Mouvement horizontal de la table avec*

*les mains du médium posées sur une plan-
chette reposant elle-même sur trois boules ou
sur quatre roulettes qui sont placées entre la
planchette et la table.*

B. *Soulèvement latéral de la table avec trois
boules ou quatre roulettes et une planchette
interposée entre la table et les mains du médium.*

3. MOUVEMENTS D'OBJETS A DISTANCES SANS
AUCUN CONTACT AVEC LES PERSONNES PRÉSENTES.

A. *Mouvements spontanés d'objets.*

B. *Mouvement de la table sans contact
aucun.*

C. *Mouvement du joug de la balance à bas-
cule.*

D. *Coups et reproduction de sons dans la
table.*

II

PHÉNOMÈNES
OBTENUS DANS L'OBSCURITÉ

*Ces phénomènes se sont produits dans l'obs-
curité complète pendant que nous étions tous
assis autour de la table, tenant les mains et les
pieds du médium. L'obscurité semblait augmenter l'intensité des manifestations, les-*

*quelles peuvent être classées de la manière sui-
vante :*

1. — Coups infiniment plus forts sur la
table ; c'était comme le bruit d'un grand coup
de poing ou d'un formidable soufflet donné sur
elle.

2. — Coups donnés sur la chaise des voisins
du médium, au point de faire retourner la
chaise fortement poussée, avec la personne
qui y était assise. Quelquefois même si la personne se levait, la chaise lui était retirée.

3. — Transport de divers objets sur la table,
tels que : chaise, habits et autres objets
quelquefois à la distance de quelques mètres,
quelques-uns pesant plusieurs kilogrammes.

4. — Voltige dans l'air de divers objets,
ainsi que des instruments de musique ; per-
cussion et sons de ceux-ci.

5. — Transport sur la table de la personne du
médium, avec la chaise sur laquelle il est assis.

6. — Apparition de feux phosphorescents,
de très brève durée (une portion de seconde),
et de lucioles lumineuses en forme de disques,
de quelques millimètres, qui se dédoublaient
quelquefois.

7. — Bruits de deux mains battant l'une
contre l'autre.

8. — Souffles d'air sensibles, semblables à un vent léger et localisés sur un petit espace.

9. — Contacts produits par une main mystérieuse sur nos habits, sur nos visages, avec le sentiment qu'on éprouve d'être touché par une main chaude et vivante ; quelquefois ces attouchements sont de véritables coups.

10. — Visions de une ou deux mains projetées sur un papier phosphorescent, ou sur une fenêtre faiblement éclairée.

11. — Divers travaux exécutés par ces deux mains ; formation et dénouement de nœuds, traces de crayon visiblement laissées sur du papier ou autre part, impression de ces mains sur du papier noirci à l'avance.

12. — Contact de nos mains avec un visage mystérieux qui, certainement, n'était pas celui du médium.

A. Transports d'objets divers pendant que les mains du médium étaient jointes avec celles de ses voisins.

B. Impression de doigts remarquée sur du papier noirci.

C. Apparition de mains sur un fond légèrement lumineux.

D. Soulèvement du médium sur la table.

E. Attouchements.

F. CONTACT AVEC UNE FIGURE HUMAINE.

G. SON DE LA TROMPETTE.

H. EXPÉRIENCES *de Zöllner sur la pénétra-tration d'un corps solide, à travers un autre corps solide.*

III

PHÉNOMÈNES AYANT EU LIEU JUSQU'A PRÉSENT DANS L'OBSCURITÉ OBTENUS A LA * LUMIÈRE EN VUE DU MÉDIUM

Voici la conclusion du rapport :

Ayant ainsi obtenu à la lumière les phénomènes merveilleux que nous avions observés dans l'obscurité, la séance du 8 octobre fut pour nous la constatation évidente de la justesse de nos impressions antérieures, et la preuve incontestable que, pour expliquer les phénomènes de l'obscurité, il n'est pas nécessaire de supposer une fraude du médium, ni une illusion de notre part. Nous eûmes une preuve que ces phénomènes peuvent résulter des vraies causes qui les produisent, pendant que le médium est éclairé de manière à pouvoir contrôler sa position et ses mouvements.

En publiant le résumé de nos expériences,

nous devons encore confirmer ce qui suit :

1° que les phénomènes obtenus à la lumière ne sauraient être produits par un artifice quelconque ;

2° que la même conviction pouvait être acquise, en majeure partie, en ce qui touche les phénomènes dans l'obscurité complète. Nous pourrions, pour une partie de ces derniers faits, reconnaître en masse la possibilité de les produire par quelque artifice du médium ; pourtant après ce que nous avons vu et dit, il est évident que cette hypothèse serait non seulement improbable, mais aussi inutile dans notre cas. En admettant l'ensemble des faits bien assurés, nous ne saurions nullement nous compromettre.

Du reste, nous reconnaissons que, au point de vue de la science exacte, nos expériences laissent encore à désirer ; elles ont été entreprises sans la possibilité de savoir de quoi nous aurions besoin. Les instruments et appareils divers que nous avons employés ont dû être préparés et improvisés par MM. Finzi, Gerosa et Ermacora.

Tout de même, ce que nous avons vu et constaté, l'a été avec nos yeux, pour bien prouver que ces phénomènes sont bien dignes de l'attention scientifique.

Nous considérons comme notre devoir d'exprimer publiquement notre estime et notre reconnaissance à M. Ercole Chiaïa, pour avoir persisté avec tant de zèle et malgré les clameurs et les dénigrements dans le déploiement des facultés médianimiques du sujet remarquable qui a servi à nos expériences ; en appelant sur lui l'attention des hommes studieux, il n'a eu en vue qu'une seule chose, cette fin : le triomphe d'une vérité qu'on a injustement rendu impopulaire.

. Suivent les signatures; ce sont sans doute de grands fumistes se dira le lecteur ? Eh bien, pas du tout; ce sont les plus grands noms de la science contemporaine de notre vieille Europe; voici ces noms :

ALEXANDRE AKSAKOFF, directeur du journal: *Psychiche Studien* à Leipzig, conseiller d'Etat de S. M. l'Empereur de Russie.

GIOVANNI SCHIAPPARELLI, Directeur de l'Observatoire astronomique de Milan.

CARL DU PRËL, Docteur en philosophie, à Monaco, Bavière.

ANGELO BROFFERIO, professeur de philosophie.

GIUSEPPE GEROSA, professeur de physique à l'École supérieure d'agriculture de Portici.

G. B. ERMACORA, docteur en physique.

GEORGES FINZI, docteur en physique.

A nombre des séances ont assisté les personnes suivantes, qui ont signé le compte rendu, ce sont :

M. CHARLES RICHET, professeur à la faculté de médecine de Paris (5 séances).

M. CHARLES LOMBROSO, professeur à la Faculté de médecine de Turin (2 séances).

Après de pareils témoignages, nous pensons que la question des Phénomènes spirites est vidée et bien vidée, et qu'il n'y a que les gens de mauvaise foi qui peuvent les nier de parti pris ; cependant nous voulons donner comme complément au procès-verbal ci-dessus mentionné, une lettre adressée à M. Chiaïa par le directeur d'une des cliniques importantes de l'Université de Naples.

Voici cette lettre :

« Monsieur,

« J'ai eu l'occasion d'assister en compagnie de professeurs mes amis et collègues, particulièrement le professeur Lombroso, à une dizaine de séances d'Eusapia Paladino, et j'avoue que j'y suis allé complètement incrédule ; devant l'évidence de ce qui se présenta à mon observation, j'ai dû me convaincre que

11.

ce que je voyais et je sentais était autre chose qu'une mystification possible; les faits étaient le résultat d'une force étrangère à Eusapia.

« Bien instruit de tous les trucs auxquels on a recours pour la production de tels phénomènes, et principalement de la substitution des mains et des pieds de la part du médium, j'ai eu l'occasion de ·vérifier l'absolue impossibilité de cette action par Eusapia. Pour les phénomènes à distance, ainsi que le transport d'objets placés loin d'elle, le son des instruments, l'apparition de lueurs et les empreintes plastiques, si l'on admet que ces faits sont produits par l'habileté mystificatrice d'Eusapia Paladino, c'est, je l'atteste, un acte de complète imbécillité et d'inconscience de la part des témoins. Je puis moi-même, après avoir assisté à ces diverses expériences, affirmer sans réticences la vérité des phénomènes observés.

« L'explication de ces phénomènes n'est pas de ma compétence; il faut que ce travail soit fait et étudié avec toute la rigueur exigée pour les recherches scientifiques.

« Votre dévoué,

« Prof. F. DE AMICIS.

« Directeur de la clinique Dermosiphilopathique de l'Université de Naples. »

Nous pourrions multiplier les témoignages en faveur de la véracité *vraie* de ces expériences si concluantes, mais nous pensons que c'est fort inutile. Du reste, notre œuvre n'est pas écrite pour les incrédules, mais pour ceux qui croient à la réalité des phénomènes et qui désirent les étudier et en avoir encore les explications plausibles.

Les manifestations spiritiques étant des faits absolument démontrés, reconnus et admis par la science, nous pouvons donc sans passer pour un toqué, nous occuper du Spiritisme et étudier qu'elle est la cause, l'origine de ces manifestations.

C'est déjà un progrès. Il y a une vingtaine d'années, quand nous parlions et écrivions sur le même sujet, beaucoup de gens souriaient, ayant l'air de nous prendre en commisération, quand ils ne levaient pas les épaules en entendant nos raisonnements.

Mais comme la vérité finit toujours par percer, il se trouve qu'à notre tour, nous pourrions aussi nous moquer de nos railleurs d'antan ; mais nous n'aurons pas le mauvais goût d'insister et nous passerons immédiatement à l'étude du Spiritisme, qui est une étude extrêmement complexe, et qui a fourni matière à un véritable gâchis scientifique. Nous allons essayer de démêler, au milieu de celui-ci, ce qui est vrai et ce qui est faux, car il y a aujourd'hui en spiritisme autant de fausses idées parmi les adeptes que parmi ses adversaires, et comme nous dirons la vérité ou du moins ce que nous croyons être la vérité, il est probable et même certain que nous ne satisferons personne ; que nous ferons même bien des mécontents, soit parmi les Spirites, soit parmi les Théosophes et les Occultistes ; mais peu nous importe : quand on écrit, on ne tient pas une plume pour se faire des amis ou rabaisser son caractère, mais pour dire ce qu'on croit être la vérité.

Et l'*amicus Plato, sed veritatis magis amicus* a toujours été notre guide, notre règle de conduite, hélas oui ! Nous avons toujours été l'ami de Platon, mais plus encore de la vérité. Nous savons même, en partie du moins, ce que cela nous a coûté ; mais nous ne regrettons pas d'avoir toujours conformé à ce précepte notre ligne de conduite.

CHAPITRE XII

HISTOIRE DU SPIRITISME ET DE LA
FORCE PSYCHIQUE

Comme tout ce que nous avons étudié dans ce volume, le spiritisme lui aussi date de loin, de fort loin, nous l'avons vu dans le précédent chapitre. La première réunion spirite date en fait du 27 mai 1848 ; car ce jour-là Cahagnet réunissait dans une pauvre chambre de la rue Saint-Denis quelques hommes qui avaient été témoins de faits curieux provoqués par l'inmédiaire d'un médium voyant Adèle Maginot. Ces faits produits isolément servirent d'éléments au célèbre ouvrage de A. Cahagnet, qui a pour titre : « *Les Arcanes de la Vie future dévoilée.* » C'est cet ouvrage traduit en Anglais en Amérique, sous le titre de *Celestial Télégraph*, qui provoqua, paraît-il, le développement médianimique dont les demoiselles Fox furent les promotrices. Ce serait donc en Franc ; que se serait produit pour la première fois le

mouvement contemporain spiritique ; mais il a
été remis à nouveau dans le courant des études
scientifiques, dans la circulation, pourrions-
nous dire, par le Nouveau Monde, car son origine est presque américaine.

Dès 1846, des coups frappés se firent entendre aux demoiselles Fox, habitantes de Hydes-
ville, Etat de New-York (*United-states*).

Ces bruits étaient produits par des esprits !
frappeurs !! qui annonçaient leur présence
par des petits coups frappés sur les murs
(*knockings*), par des grattements effectués sur
des meubles (*rappings*). Les charmantes
demoiselles, car elles devaient être charmantes pour recevoir ainsi la visite des esprits,
convinrent alors avec leurs chers *invisibles*
d'une sorte de langage conventionnel, afin de
pouvoir converser.

Aux précédents phénomènes s'en joignirent
bientôt d'autres : craquements et déplace-
ments de meubles sans déménageurs visibles,
morceaux de musique exécutés sur un piano
sans le concours d'aucun artiste visible; enfin
vol autour des personnes de toute sorte de
menus objets, et même de certains objets
lourds.

Les faveurs dont jouissaient les demoiselles
Fox auprès des esprits, excitèrent l'enthou-

siasme, puis l'ambition de fort nombreuses personnes, aussi tout le monde à l'envie, s'occupa d'occultisme dans le Nouveau-Monde, et cela avec une telle frénésie, que dès 1853, c'est-à-dire six ans après la reconnaissance du spiritisme, il existait en Amérique plus de sept à huit cent mille spirites, qui organisèrent et fondèrent des associations et des clubs spirites.

'Le mouvement devait gagner bientôt l'Europe ; il arriva en effet, par le navire *Le Washington* qui l'emporta en 1853, à Brême, d'où il se répandit avec une rapidité fulgurante en Allemagne, en Angleterre et en France.

C'était alors la belle époque où l'on ne pouvait entrer dans un salon, sans que la dame du logis vous invitât à faire tourner des tables, des guéridons, des chapeaux, des assiettes et autres instruments ou ustensiles, afin *d'interroger les Esprits*, et il fallait voir le bon sang qu'on se faisait à cette époque dans ces réunions.

C'est alors qu'apparaît M. Denizot Rivail, ou *Allan-Kardec*, qui passe avec raison pour le fondateur de la *Doctrine spirite* en France.

Dès ce moment, le spiritisme est, pour ainsi dire délaissé par tous les plaisantins et les farceurs qui se font un jeu de tout, et il est étudié avec foi, avec conviction par de nombreux disciples d'Allan-Kardec, qui devient le chef incontesté du Spiritisme, même chez les nations étrangères. C'est lui qui formule le premier des lois et des préceptes dans des ouvrages qui obtiennent un grand succès et qui sont : *Le Livre des Esprits*, *Le Livre des Médiums*, *La Genèse*, *Les Miracles et Les Prédictions*, *Le Ciel et l'Enfer* etc., etc.

Toutes les œuvres d'Allan-Kardec sont remarquablement écrites et portent l'empreinte d'une grande logique par la simplicité même des pensées qu'ils renferment ; mais nous devons dire que ces œuvres de sentiment nullement scientifiques ont singulièrement vieilli et ne peuvent plus satisfaire la soif d'instruction qui dévore nos contemporains, surtout quand il s'agit de science et de philosophie. Il nous faut plus que du sentiment, il nous faut des faits, des preuves certaines, des raisonnements basés sur autre chose que des hypothèses. Or les œuvres d'Allan-Kardec pèchent absolument, malgré leur visée, par le côté scientifique.

L'auteur semble même avoir dédaigné l'expérimentation pour ne faire que de la théorie, car nous ne pouvons appeler *expériences* la suite des communications obtenues à l'aide de médiums. Il fallait avant toute chose s'assurer des sources de communications, de quels êtres elles émanaient, ce qui pouvait influencer les médiums dans un sens ou dans un autre ; étudier les médiums et tâcher de reconnaître les bons des mauvais ; pourquoi l'on pouvait ajouter foi aux uns et pourquoi il fallait se méfier des autres. Or Allan-Kardec est ici bien incomplet. Toutes ces questions sont extrêmement complexes, et il a fallu les étudier trente ans pour arriver à donner une solution, probablement incomplète encore, mais qui aura le mérite d'avoir toujours aidé à la solution du problème spirite, que les travaux personnels d'Allan-Kardec n'ont pas fait avancer d'un pas ; c'était un propagandiste et rien de plus.

Est-ce à dire que nous dénions à Allan-Kardec des mérites. Loin de là, nous reconnaissons, au contraire, que le premier il a bravé le ridicule pour propager une œuvre qu'il a cru utile et éminemment humanitaire, puisque le spiritisme pouvait remplacer les dogmes des religions par des formules qu'il croyait plus précises, puisqu'il les croyait plus scientifiques.

Il espérait donc satisfaire ainsi au besoin de religiosité qu'éprouvent un grand nombre d'âmes, qui, au point de vue scientifique où nous sommes arrivés, ne peuvent plus croire à des dogmes religieux surannés.

Allan-Kardec a donné de très grandes consolations à quantité d'âmes honnêtes; il a rendu meilleurs beaucoup d'hommes qui auraient peut-être mal tourné; enfin il a eu le mérite de mettre en action le grand mouvement spiritualiste qui secoue si fortement notre fin de siècle et d'avoir provoqué le mouvement scientifique contemporain qui pourra faire sortir le spiritisme du noir cahos dans dans lequel il végète depuis plus de trente ans. Quand les savants auront trouvé une explication plausible, certaine, mathématique du spiritisme, ils lui donneront certainement un autre nom, et s'en empareront, au nom de la science, comme inventeurs d'un nouveau mode scientifique. C'est, du reste, déjà fait, puisque dans le monde scientifique on n'oserait s'occuper du spritisme, mais on étudie la force psychique, ce qui est absolument la même chose; car dès maintenant, sauf à le prouver ultérieurement, le spiritisme, le fluide astral, la force psychique, l'électricité, le magnétisme, l'hypnotisme, la suggestion, tout cela nous paraît une seule et même chose, qui ne varie que par l'influence des milieux dans lesquels elle baigne ou se meut.

Tel est le problème que nous espérons démontrer dans notre étude de la Psychologie devant la science et les savants.

CHAPITRE XIII

DES MÉDIUMS ET DE LA MÉDIUMNITÉ OU FACULTÉ MÉDIANIMIQUE

Comment les spirites communiquent-ils avec les esprits de l'espace, avec les désincarnés, ou morts ?

Par des moyens très divers, mais qui nécessitent toujours la présence d'un intermédiaire dénommé pour cela *médium* ; et ici nous devons définir ce qu'on entend par médium. C'est un être de complexion quelconque, qui possède une faculté qui n'est pas commune à tous les hommes. Nous devons ajouter que la

faculté médianimique qui peut être développée
chez beaucoup de personne, est souvent à l'é-
tat latent, il y a donc un grand nombre de
médiums qui le sont sans le savoir, car le
nombre de ceux-ci est très considérable.

Pour nous, les grands artistes, les hommes
de génie, les poètes, les féconds écrivains, tous
les hommes également bien doués sont des
médiums, c'est-à-dire qu'ils œuvrent avec
l'aide et l'assistance d'*En-haut* ; parce qu'il
existe un lien de solidarité entre toutes les
forces de la nature quelles qu'elles soient,
mais surtout en ce qui concerne les forces
psychiques et intellectuelles.

Les genres de médiumnité sont très nombreux, chaque médium ayant, pour ainsi
dire, une médiumnité *sui generis*, qui ne res-
semble pas à celle de son voisin ; mais nous
ne voulons pas pour le moment entrer dans
cet ordre d'idées ; aussi dirons-nous que
les trois principaux genres de médium sont :

Le médium écrivain (*writing medium*), le
médium parlant (*speaking medium)* et le médium par coups frappés directs ou par le pied
du guéridon *(rapping medium).* Parmi ces trois
genres de médium les uns n'ont qu'une faculté,
un pouvoir, d'autres en ont plusieurs.

Ainsi, un médium est à la fois écrivain et

typtologue, il est doué de clairaudience ou
de clairvue et *vice versa*, à moins qu'il ne
soit à la fois voyant et auditif.

Mais ces principaux genres se subdivisent
encore en médium mécaniques, sensitifs ou
inconscients, etc., etc.

Il y a ensuite des médiums à effets physiques, à matérialisation, à incarnations, à
écriture directe, à rapport, enfin des médiums
dessinateurs, graveurs, peintres, composi-
teurs-musiciens, etc., etc.

Mais nous n'insisterons pas sur ce sujet
connu certainement de nos lecteurs pour
nous occuper des questions plus neuves, partant plus intéressantes.

Et tout d'abord, nous devons nous demander par quels moyens opèrent les médiums,
et comment ils opèrent ?

Ici la question se complique singulièrement.
Aussi est-il utile de la disséquer, de l'analyser
et de la réduire, s'il se peut, à sa plus simple
expression.

Pour les spirites, cela ne fait aucun doute, les
médiums, quelle que soit leur faculté, opèrent
par l'aide des *Esprits*, c'est-à-dire des morts
qui peuplent l'espace, parce qu'ils nomment
les *désincarnés* les élémentaires des occultistes.

Pour les occultistes, les médiums sont des

êtres inconscients, qui ne seraient que le
jouet des élémentals, des élémentaires ; parfois même, d'après les occultistes, les médiums
ne feraient que reproduire purement et simplement leurs propres impressions ou celles
des personnes immédiates de leur entourage,
qui leur fournissent du fluide.

Et tout d'abord, il y a lieu d'examiner ce
que sont les esprits désincarnés, les élémentals, les élémentaires, les larves, etc., etc.

Comme on voit, le gâchis est assez complet,
mais cela n'est pas fait pour nous effrayer ;
connaissant à fond notre sujet par des milliers
et des milliers d'expériences par nous pratiquées, il nous sera facile d'élucider toutes
ces questions épineuses et passablement em-
brouillées, et de les élucider assez clairement pour donner satisfaction au lecteur,
même le plus difficile ; mais il nous faut pour
cela procéder avec méthode.

Il y a lieu de définir tout d'abord les termes
d'*esprits*, d'*élémentals*, d'*élémentaires*, de
coques astrales, etc.

D'après les spirites, les esprits sont les âmes
des morts, nous l'avons vu un peu plus haut,
qui errent dans l'espace autour de notre
monde, auquel ils sont encore attachés par
des liens d'amour, d'amitié ou d'affaires, car,

disent-ils, de ce que l'homme est mort il ne s'en suit pas qu'il ne porte plus d'intérêt aux affaires de notre monde.

En mourant, l'homme ne devient pas parfait, il continue à avoir les mêmes idées, les mêmes passions, les mêmes petitesses, cela est très vrai, les esprits qui vivent donc dans l'astral, sont dénommés aussi pour cela par les occultistes *coques astrales* et *périsprit*, parce que ce sont bien les enveloppes, les coques qui enveloppaient le corps de l'homme pendant sa vie.

Mais pour rester absolument impartial, nous devons dire que le nombre des occultistes qui veulent bien admettre la présence des désincarnés autour de nous, ce nombre est restreint, ce sont même des occultistes *malins*, qui ne veulent pas rompre en visière avec les spirites parce qu'ils tiennent à les compter parmi leurs lecteurs, mais la généralité des occultistes, principalement les grands mages, de même que les théosophes ne veulent pas admettre que la communication proviennent d'anciens humains, ayant quitté notre terre, et cependant une foule de grands esprits ont cru à cette sorte de protection de nos morts aimés. Voici en effet, une page écrite par le grand patriote Mazzini.

« Les âmes qui vous ont aimé et que vous avez aimées ont la mission, en récompense de leur amour et du vôtre, de veiller sur vous jusqu'à la fin de votre existence terrestre, de vous protéger et de vous faire avancer vers Dieu, à mesure que vous montez l'échelle de vos transformations progressives. N'avez-vous jamais, dans un moment solennel, été visité par une intuition, une pensée de génie, un rayon inattendu et plus brillant de la vérité éternelle? C'était peut-être le souffle de l'être que vous avez le plus aimé, et qui vous a le plus aimé sur la terre, qui passait sur votre front brûlant. Lorsque l'âme, malade de désillusions et de déceptions, vous avez frissonné au contact glacé du doute, n'avez-vous jamais senti un rayon d'amour et de foi pénétrer dans votre poitrine ?

« C'était peut-être le baiser de la mère que vous pleuriez comme perdue, tandis qu'elle souriait de votre erreur. »

« Mazzini. »

Certes, voilà une belle page ; elle aurait été écrite pour venir confirmer nos paroles, qu'elle n'aurait pu être plus explicite.

Cependant nous allons mentionner une autre personnalité qui va indiquer la prescience d'un frère pour sa sœur et lui dire avant de mourir qu'il la protégera une fois mort.

Plus haut, dans le chapitre qui traite de télépathie (ch. X.), nous avons parlé du livre *Choses vraies*, de la maréchale Serrano, duchesse de la Torre, voici ce que cette grande dame espagnole nous raconte (page 71) au sujet de son petit frère, qu'elle a perdu fort jeune et qui aimait beaucoup sa sœur :

« Mon souvenir le plus doux est celui d'un petit frère. Il nourrissait pour moi une tendresse que je n'ai jamais retrouvée dans ma vie sous aucune forme. C'était un véritable ange gardien, me conseillant, me défendant, au point d'éclater en sanglots, si ma mère me faisait le moindre reproche. A tant d'années de distance, j'entends encore sa voix répéter :

« — Il ne faut pas gronder Antonie, il ne faut pas la gronder.

« Toutes les occasions de m'accompagner, de me retrouver, il les faisait naître, il les saisissait avec un propos, une grâce, un empressement adorables.

« Il disait si gentiment :

— « C'est moi, encore moi, toujours moi ! » qu'alors même qu'il m'eût un peu gênée, je n'aurais pas eu le courage de le lui montrer. C'était un petit être tout à fait particulier et mystérieux, en dehors de l'affection, dont il

12

m'enveloppait. Il refusait de rien apprendre, il savait tout d'instinct, comme s'il n'avait qu'à se souvenir. Lorsqu'on l'interrogeait sur quelque chose, il répondait :

« — Attendez, j'ai cela dans un coin de ma tête, je vais le trouver.

« Et alors, au bout d'un instant de recherche en lui, il surprenait les personnes les plus savantes par ses réflexions. Tout le monde répétait à ma mère :

« — Si ce petit travaillait, ce serait un génie.

«'Et s'il entendait cette parole, il répliquait tout rouge, avec une passion singulière :

« — Non, non, je ne veux pas être un génie, je veux être un ange du ciel.

« Je lui dis un jour :

« — Alors tu veux donc mourir, méchant enfant, m'abandonner ?

« — Toi, Antonie, tu te marieras, dit-il à son tour, d'un air que je n'oublierai jamais, je te perdrai, et j'aime mieux que tu me perdes, car ce ne sera pas la même chose.

« Toi, ton mari et les enfants te prendront; moi, le bon Dieu me laissera te guider, t'assister dans les chagrins de la vie.

« Mon petit frère était beau, d'une beauté extraordinaire. Ce jour-là, son visage me parut plus beau encore. Emu, pâle, ses yeux bril-

laient d'un éclat surnaturel. Je le pris dans
mes bras, je l'embrassai de toutes mes forces,
à mon tour je pleurai.

« — Il faut que tu vives ; tu es mon enfant,
répétai-je, n'aie pas de ces idées du ciel, cela
porte malheur.

« — Ou bonheur, reprit mon petit frère. Je
ne puis te promettre de vivre, je sais que le bon
Dieu m'appellera un jour et que je répondrai
à son appel, tout joyeux, parce qu'il m'a promis qu'il me laisserait être ton ange gardien.

« Mon petit frère est mort en souriant, sa
main dans la mienne. Il se souleva, au moment
de sa fin avec une force surhumaine et mar-
mura tout bas jusqu'à mon oreille :

« — Je ne meurs que pour les autres. Souviens-toi !

« Je me suis souvenue plus tard, quand j'ai
beaucoup souffert, et j'ai évoqué mon petit
frère et j'ai senti ses conseils m'inspirer sa
volonté me soutenir. Plus d'une fois j'ai cru
dans un demi sommeil que mon visage était
frôlé par ses ailes. »

Comme on voit par les lignes qui précèdent,
la duchesse croit parfaitement à la communication des esprits d'outre-tombe.

Ajoutons que la duchesse de la Torre n'est nullement spirite.

Après cette digression bien utile, si nous revenons à notre sujet, nous dirons qu'il existe encore dans l'espace astral quantité d'êtres plus ou moins informes, plus ou moins avancés en tant qu'intelligences.

Il y a ce que les Hindous nomment des *Nirmanakayas*, c'est-à-dire des magiciens désincarnés bons ou mauvais ; ils vivent dans l'astral, et peuvent s'emparer de médiums et s'en servir pour leur plaisir et leur volonté. Leur corps astrals renforcés, doublés pour ainsi dire par le corps du médium est en quelque sorte rendu vivant par sa force vitale, tel John King avec le médium William. Ces Nirmanakayas pourraient prendre un caractère d'individualité, de permanence, d'intelligence ou de terribles obsessions, suivant que le Nirmanakaya est bon ou mauvais. Il y a ensuite les lémures, les larves, les incubes, les succubes, les vampires, dont nous n'avons pas à nous occuper pour l'instant, mais il y a aussi d'après les occultistes, les *élémentals* et les *élémentaires*.

L'*Elémental* est une force semi-intelligente du règne de la nature, qui survit comme une intelligence active engendrée par l'esprit, pendant un temps plus ou moins long, suivant l'intensité originelle de l'action cérébrale qui lui a donné naissance. Les élémentals vivent presque entièrement dans notre atmosphère terrestre, c'est pourquoi ils ont de très grandes facilités de communication avec nous, et qu'ils se communiquent volontiers aux mortels, aux *Incarnés*.

Ces élémentals vivent absolument de la même vie que l'homme, il s'accolent pour ainsi dire aux personnes de faible volonté et vivent à côté d'elle, en véritables parasites.

Les *élémentaires* qui sont des êtres désincarnés sont un peu supérieurs aux élémentals ; ils jouissent à un degré plus élevé des mêmes qualités et avantages qu'eux.

Après ces définitions, il y a lieu d'étudier de quelle manière opèrent les médiums et par quels concours ou secours, ils peuvent être aidés et secondés.

Généralement, les débutants médiums se réunissent autour d'une table circulaire et font la chaîne, récitent une sorte d'invocation, puis après, quand ils se sentent *entrancés*, ils prennent une plume et écrivent mécaniquement.

Mais nous devons dire que c'est là l'enfance, le B A BA de la médiumnité. Les

12.

excellents médiums, ceux qui pratiquent depuis longtemps et sont assurés de bons résultats prennent tout simplement leur plume ou plutôt leur crayon, posent la main sur leur papier, et se mettent à écrire, parlant même souvent avec leurs voisins, c'est-à-dire qu'ils ne se préoccupent pas de ce qu'ils font ; puis quand la communication est terminée, le crayon leur tombe des doigts et tout est dit : la communication est terminée.

Ici se pose la question, objet de la grande controverse entre les spirites et les occultistes.

Qui fait donc écrire le médium ? Les spirites disent, que ce sont les esprits, les occultistes prétendent de leur côté que ce sont des élémentals ou de sales larves.

La réponse ainsi faite à la question est fausse des deux côtés, comme nous allons le démontrer.

Nous dirons tout d'abord qu'il n'y a rien d'absolu ; quand un médium tient la plume, personne, sauf le médium voyant (et encore), personne ne peut dire : c'est telle entité qui me fait écrire.

On ne peut jamais affirmer, c'est le père, la mère, le frère de telle personne qui vient de me donner une communication.

Et pour prouver que occultistes et spirites se trompent, nous n'avons qu'à invoquer ce fait qu'il est aujourd'hui absolument démontré par la télépathie (voir le chapitre X), que les personnes vivantes peuvent se communiquer. Ainsi donc, les grandes théories mises en avant pour prouver que ce n'est pas l'esprit des morts, mais des élémentals qui font écrire les médiums est absolument fausse; puisque ceux-ci peuvent écrire par le moyen des vivants.

Aussi, nous déclarons personnellement, qu'après trente ans d'étude et d'expérience, presque journalières, il nous est absolument impossible d'expliquer certains faits de médiumnité, bien que possédant sous la main un excellent médium.

Le lecteur va comprendre pourquoi.

Trois ou quatre personnes sont réunie dans une salle, (les petites réunions sont toujours celles dans lesquelles on obtient les meilleurs résultats). De ces trois ou quatre personnes il y a le médium, l'expérimentateur, puis, un ou deux consultants.

Nous avons remarqué qu'on doit évoquer le moins possible et tout à fait d'une manière exceptionnelle, par la simple raison que l'on n'est jamais bien assuré de l'identité de la

personne évoqué ; dans les débuts de nos travaux, ce que nous avons été trompé de fois est
incalculable, ce qu'il y a de fumistes de l'autre
côté de la vie est inconcevable ; cette épreuve
a duré deux ans ; après lesquels, nous n'avons
jamais évoqué, nous avons laissé se produire
le phénomène *ad libitum.*

Or, dans un grand nombre de séances, voici
ce qui se passe. Le médium (une voyante) dit
à la personne : « Je vous vois toute jeune, vous
aviez une petite robe à carreaux écossais, vous
êtes à la campagne, vous venez de vous laisser choir dans un fossé rempli d'eau, vous
rentrez chez vous, et votre belle-mère vous
gronde, vous maltraite et vous envoie coucher sans souper. Elle est bien dure pour
vous, c'est une vraie marâtre et Mme R** une
grande dame de Paris, qui est aujourd'hui
dans une superbe position de fortune se met à
pleurer à chaudes larmes, tout le passé qui
lui est rappelé est saisissant, présent à son esprit. »

Comment le médium voyant a-t-il vu toute
cette scène et l'a-t-elle décrite dans ses moin-
dres détails ? Il l'a lu dans l'*astral*. Il n'y a
guère que cette hypothèse de possible.

Parce que nous savons en effet, et nous
pouvons affirmer que la clairvoyance est une

faculté qui n'est point purement « réceptive,
mais active et qui nous fait percevoir des
scènes éloignées et des choses inconnues ; des
actes d'un passé parfois lointain. »

Voici donc un exemple, où n'interviennent
nullement ni la nécromancie, ni l'interven-
tion d'un élémental ou d'une larve.

Du reste le cas que nous venons de signaler,
et il nous en est passé des milliers sous les
yeux, l'étude de cas analogues, disons-nous,
ne peut être abordée que par une étude approfondie de l'hypnose, ce n'est qu'avec elle qu'on
peut rencontrer les exemples les mieux éta-
blis de clairvoyance, ensuite par la réunion
de nombreux récits télépathiques.

Passons à un autre exemple : notre médium
voit pour l'autre personne, sa mère, elle dépeint le portrait et l'allure de la personne,
elle contrefait sa voix, ses gestes, toutes ses
manières ; enfin, elle passe la main sur le visage de la personne qui est un militaire très
âgé à moustaches grises, un vieux colonel de
l'armée française et les caresses maternelles
reproduites par le médium sont tellement
identiques à celles de la mère que le vieux
colonel ne peut retenir ses larmes et éclate en
sanglots. Nous devons ajouter que cependant
le colonel n'est pas un ramolli, un vieux bu-

veur d'absinthe ; c'est un officier des plus distingués ayant toujours travaillé, s'étant constamment instruit, mais les termes d'amitié et les caresses que lui prodiguait sa mère dans son enfance ont été rendus avec une telle perfection, avec une telle science imitative, qu'il n'a pu douter un seul instant de la réalité de la vision du médium.

Nous pourrions citer des milliers d'exemples, en remplir des volumes; mais ce serait absolument inutile, nous préférons rapidement conclure pour passer à d'autres sujets et nous dirons que les spirites et les occultistes n'ont tort, ni raison les uns ni les autres, parce qu'il y a des cas si nombreux, si particuliers, qu'il est impossible d'établir aucune règle fixe et invariable.

En effet, les morts peuvent être évoqués, venir ou ne pas venir ; les médiums écrivent donc sous l'impulsion, des vivants, des morts, des élémentals, des élémentaires, reproduisent les idées du milieu dans lequel ils se trouvent, ou des idées tout à fait contraires.

Donc à l'heure présente il n'est pas possible ni aux uns, ni aux autres d'affirmer que telle ou telle autre communication a été obtenue par un esprit, par une coque astrale, par une larve, etc.

Mais ce que l'on sait bien, c'est que les évocations spirites sont dangereuses ; qu'on doit dès lors, en user le moins possible, au lieu d'en abuser comme le font, trop souvent, bien des personnes, surtout les néophytes. Il faut ensuite faire des réunions le moins nombreuses possible, peu rapprochées et autant que possible composées des mêmes éléments ; qu'ensuite dans des milieux très purs avec de bons médiums, on peut obtenir et on obtient des communications d'un ordre très élevé ; alors et alors seulement, on n'a rien à craindre des larves, des mauvais esprits, des anarchistes de l'espace.

Le spiritisme a aussi ses bons côtés; il retire une foule de personnes du matérialisme; il empêche quantité de suicides, chez des personnes désespérées par la douleur ou de grands malheurs, enfin, il rend plus patient, plus humain, et il aide à supporter les calamités publiques et privées.

Voilà ses avantages, mais il présente des inconvénients sérieux, par exemple, il crée des types d'imbéciles d'une crédulité à toute épreuve, des naïfs qui avancent avec un aplomb impertubable les bourdes et les idioties les plus saugrenues. Ensuite, bien des personnes qui s'adonnent avec trop de fré-

nésie aux expériences, compromettent leur
santé et peuvent arriver à un épuisement
complet du fluide vital ; enfin, pour beaucoup de femmes, le spiritisme est des plus
dangereux, parce qu'il les livre aux incubes.

On ne doit donc faire du spiritisme qu'avec
un cœur pur, un caractère essentiellement
honnête; on doit être très prudent, garder toujours sa volonté et son autonomie individuelle,
son *self Government*, sans cela on arrive aux
obsessions et aux possessions, à la folie, car
cette dernière infirmité de l'humaine nature n'est souvent due qu'à la possession;
la folie, nous le répétons, n'a souvent pas
d'autre cause, c'est la possession du même
corps par deux individualités différentes qui l'occupent à tour de rôle. De là, les
troubles du cerveau, et les désordres qui s'en
suivent.

On voit donc combien il est dangereux de
considérer le spiritisme, comme un passe
temps, une récréation. On doit le considérer
plutôt comme le seuil du GRAND TEMPLE OC-
CULTIQUE, où nul ne peut entrer s'il n'est pur
de cœur, sain d'esprit et de corps, et s'il n'est
capable de mettre en pratique le quaternaire
occultique:

« VOULOIR, SAVOIR, OSER, SE TAIRE. »

Nous venions d'écrire ce qui précède, quand un article de M. Oxon nous est tombé sous les yeux ; cet article confirme en grande partie ce que nous venons de dire. M. Oxon, nos lecteurs le savent peut-être, est le pseudonyme d'un savant professeur de *King's Collège* de Londres, M. Stainton Moses.

Il a été pendant plusieurs années directeur du célèbre journal spiritualiste *Light*.

Ce qui suit est tiré et traduit par nous de ce journal :

« De longues années d'observation très sérieuses m'ont confirmé dans cette opinion : que ce n'est pas le médium seul qui souffre d'une longue suite d'expériences pour ce que l'on nomme : Phénomènes spirites. Si les personnes qui assistent aux séances sont des sensitifs, elles souffrent, d'après moi, en rapport proportionnel de leur faculté sensitive. Je parle ici des cercles mixtes du public, dont la composition est variable, et non des cercles choisis ou cercle de famille, qui ont des éléments beaucoup plus harmoniques. Je dis *probablement*, car, s'ils ne l'étaient pas, les phénomènes ne seraient pas satisfaisants, et l'on ne serait pas tenté de poursuivre leur étude. Je suis convaincu que pour les personnes sensitives (et ce sont celles que

l'on rencontre le plus fréquemment dans les
séances) l'habitude de fréquenter, surtout les
séances obscures, est pleine de dangers ; et
cette opinion n'est nullement ébranlée par
ceci que parfois les séances ont pu produire
de bons résultats pour la santé. Il n'est pas
rare que des troubles nerveux, des maux de
tête, des douleurs névralgiques et autres
maux de ce genre soient soulagés par ce
moyen. Il semble qu'il se produit dans les
séances une sorte d'équilibre entre les forces
nerveuses ; et j'ai éprouvé après une séance
bien harmonique un bien-être véritable.

. . . .

Lorsqu'on fera une étude systématique de
la médiumnité, étude qui n'a même pas été
commencée, on verra combien nos pratiques
sans règles ni raisons sont mauvaises. Il faut
que nos médiums soient soignés, qu'on les traite
avec autant de soin qu'un expérimentateur
scientifique en a pour ses instruments délicats.

Tant que nous ne le ferons pas, tant que
nous ne surveillerons pas scrupuleusement
la composition des cercles, les résultats que
nous obtiendrons seront misérables, contradictoires et décourageants. Même dans des
cercles privés, où les conditions étaient ex-

ceptionnellement bonnes, j'ai remarqué que lorsque les phénomènes étaient puissants et répétés, le médium semblait être d'autant plus épuisé ; il se plaignait de faiblesse à l'épine dorsale et ne se remettait qu'après avoir mangé et dormi. Combien plus grand doit-être l'épuisement du système nerveux dans un cercle mixte composé de personnes réunies au hasard, d'étrangers en un mot ; cette manière d'opérer est absolument condamnable. »

Ces conclusions sont très justes et méritent l'entière approbation de ceux qui sont compétents dans cette question capitale.

CHAPITRE XIV

OBSESSION, POSSESSION, SUBSTITUTION

Nous venons de voir combien il est dangereux de faire du spiritisme sans le connaître, sans y avoir été initié, pour ainsi dire, par des personnes le connaissant à fond.

Nous avons dit aussi que les personnes qui le considéraient comme une distraction, une amusette, pouvaient courir de très graves dangers et arriver même à la folie, après avoir subi des accidents divers. — Le spiritisme, il ne faut pas l'oublier, est la première voie qui conduit à l'occulte, aussi, avant de s'engager dans cette voie, est-il nécessaire de posséder avec un cœur pur, un guide sûr ; sans cela l'individu qui se livre aux hasards du spiritisme peut arriver à l'obsession, à la possession et à la substitution ; c'est-à-dire qu'il peut prêter son corps à des êtres de l'espace qui le partagent avec lui, peuvent l'en chasser plus ou moins de temps ou se substituer à lui ; de là possession.

Cette dernière affirmation qui pourra paraître bien singulière à un certain nombre de nos lecteurs n'en est pas moins vraie.

Les obsessions et possessions sont connues dès la plus haute antiquité ; au moyen-âge, elles ont été fréquentes, les Pères de l'Eglise les affirment et les admettent par conséquent.

Voici ce qu'au xvi° siècle en pensait Paracelse :

« Une personne, dit-il, qui est saine et pure
ne saurait être possédée par des esprits élémentaires, parce que ces larves (*larvæ*) ne
peuvent agir que sur les hommes, qui leur
donnent une place dans leur mental. Un esprit
sain est comme une citadelle dans laquelle on
ne saurait pénétrer sans la volonté expresse
de son maître ; si on laisse pénétrer ces larves
elles excitent les passions humaines (des
hommes et des femmes) et donnent naissance
à de mauvaises pensées, qui en incitant le
cerveau font commettre de mauvaises actions;
elles aiguisent ainsi les appétits animaux et
étouffent bien vite toute espèce de moralité.

« Les mauvais esprits n'obsèdent que les
humains, chez lesquels domine l'animalité.
La guérison de l'obsession ne peut être obtenue
par des cérémonies et des exorcismes, car
cette guérison est un acte purement psychique
et moral. »

On voit que Paracelse savait très bien ce
qu'étaient les obsessions « un acte purement
psychique et moral » rien de plus vrai ; mais
où il a tort, c'est quand il croit qu'on ne peut
exorciser les personnes possédées d'élémentals, d'élémentaires, ou de mauvais génies.

Évidemment, aujourd'hui, on procède par
la magnétisation pour dégager le corps d'un

possédé, mais il ne faut pas croire que l'autorité d'un personnage pur, d'un saint homme ne puisse pas par sa forte volonté expulser du corps d'un individu un mauvais esprit.

Mais n'insistons pas plus que de raison sur ce sujet, et disons que les élémentals peuvent entrer dans la composition de notre être psychique, comme les éléments naturels dans celle de notre être physique; donc notre âme peut réfléter l'influence d'élémentals ou bien encore celle d'êtres exaltés dans la divine hiérarchie.

De sorte qu'un homme supérieur peut être absorbé, momentanément du moins, par un esprit avancé et parfois prophétiser ; tandis que l'homme passionnel peut être obsédé par un esprit inférieur ou élémental. Ces êtres qui vivent dans le corps de l'homme prennent part à tous ses actes réfléchis, impulsifs, et font si intimement partie de sa personnalité que bien souvent l'homme ordinaire, l'*agnoscent*, ne s'aperçoit même pas qu'une autre volonté agit parallèlement à la sienne, se fond, pour ainsi dire, avec elle, et comme il ne s'en doute pas, cette possession partielle de son être ne l'inquiète nullement.

L'homme droit et probe, doué d'une forte énergie, n'est nullement possédé, il est seulement conseillé, aidé et secouru par son ou ses guides naturels, de là le mythe de l'*ange gardien*, professé par certaines religions.

Ajoutons bien vite que les cas de complètes possessions sont relativement rares, sans cela l'homme n'aurait, à proprement parler, aucune responsabilité; dans le chapitre suivant nous traitons la question de la responsabilité humaine, aussi nous n'y insisterons pas ici.

La possession persiste même après la mort, elle constitue alors une des formes du vampirisme.

Les cas de possessions peuvent se produire pendant certaines maladies graves, l'épilepsie, le *delirium tremens*, une forte fièvre typhoïde, etc., etc., enfin à l'article de la mort.

Bien des individus, après une grave maladie, pendant laquelle on les a crus morts, reviennent, en quelque sorte, tout à coup à la vie, seulement ces revenants semblent être dans une espèce de somnolence, d'inconsistance, d'imbécillité tout à fait extraordinaire, on peut sûrement en conclure qu'un élémental a pris leur place et il peut la garder ainsi plusieurs jours et même plusieurs mois.

On reconnaît cette substitution à des faits particuliers; par exemple, la nouvelle individualité n'a pas connaissance de ce qui l'entoure, il a l'air d'avoir perdu la mémoire, il se trouve enfin absolument dépaysé, ahuri dans le nouveau milieu où il vit, et pour peu qu'il soit mal mené, il quitte le corps qu'il a volé ; la mort définitive survient alors seulement.

Arrivons enfin à une sorte de substitution volontaire.

Dans le cas précédent, l'élémental entre dans un corps abandonné qu'il trouve encore chaud et dont il s'empare pour essayer de vivre.

Un homme vivant peut par certaines pratiques provoquer la possession afin d'avoir le don de prophétie, tels étaient les pythonisses, certains derviches, certains médiums.

Mais il existe un fait plus curieux encore, c'est la pénétration de l'astral d'un vivant pour renforcer, pour ainsi dire, une autre personne.

Et de même que nous pouvons nous représenter à l'esprit (l'hypnotisme nous permet la chose) un homme transférant la puissance de sa volonté à une autre personne, de même nous pouvons nous imaginer une individualité organisée d'une façon particulière, capable de transférer sa vie, sa conscience, son intelligence ou tout autre principe de sa constitution personnelle aux vibrations substantielles qui constituent ce que nous nommons « force. » Cette individualité renforcera donc la conscience, la puissance l'intelligence d'autrui.

Mais nous n'insisterons pas davantage sur ce sujet, car il touche à un des points les plus curieux, et les plus dangereux, de l'occultisme et par conséquent des mieux gardés par les véritables adeptes de la magie blanche.

Il est même probable, sinon certain, que nous serons blâmés par certains occultistes d'avoir dit ce qui précède, et bien des choses encore qui suivront d'ici à la fin de notre volume, mais nous dirons, pour notre excuse, que nous faisons partie du groupe occultiste, qui veut désocculter l'occulte. Nous croyons, à tort ou à raison, mais plutôt à raison, que nous sommes arrivés à un moment où il faut faire connaître certains faits, disons secrets, si l'on veut, de l'occulte.

Ceux qui s'inscrivent contre cette pensée disent que c'est fort dangereux, que l'homme n'est pas encore arrivé à un degré de morale assez élevé pour connaître les secrets dont il pourra abuser en les faisant servir au mal.

A cela nous répondons que les chimistes aussi n'auraient pas dû divulguer les formules

13.

chimiques, puisque les malfaiteurs peuvent s'en servir pour faire sauter des maisons.

Mais si la science n'avait pas été vulgarisée, il est bien clair qu'elle n'aurait pas autant progressé vers la fin de notre siècle.

Puis, en occultisme, l'étudiant doit comprendre le tort qu'il se porte à lui-même en agissant mal, c'est-à-dire qu'en se servant de l'occulte pour faire le mal, il fait de la *magie noire*, c'est-à-dire encore qu'il accepte une responsabilité terrible; il a donc tout intérêt à ne pas mésuser de la science.

Pour nous résumer, nous dirons que la possession consiste dans l'expulsion ou peut-être la paralysie du rayon manasique, et son remplacement par un élémental ou tout autre esprit de l'espace. La possession peut être temporaire (obsession), ou permanente, elle s'effectue, sauf des cas exceptionnels, contre la volonté du patient « obsédé », mais il faut des conditions tout à fait spéciales dans les éléments physiques, astrals ou kamiques, pour que la possession devienne possible et définitive ; ces possessions ne se retrouvent guère que chez des individus passifs, d'une très grande passivité même.

Certainement de tous les agents possesseurs, les plus dangereux sont les élémentaires, parce que ces désincarnés sont attachés à notre plan astral, et puis, comme ils ont quitté depuis peu la vie, ils savent opérer pour s'emparer de leur proie; du reste, moins le corps physique, ce sont des êtres comme nous, et comme ils ont les mêmes passions, les mêmes attaches de la vie, qu'en un mot ils sont très matériels, ils cherchent quelqu'un à *dévorer*, c'est-à-dire avec lequel ils contracteront comme une association, afin de pouvoir revivre de la vie terrestre, sans passer par la naissance et l'enfance.

Aussi malheur à celui qui se laissera prendre par ces élémentaires, si celui-ci a une volonté plus forte que l'individualité dont il s'est emparé, il en fait sa chose, le possédé n'est, pour ainsi dire, qu'un automate dans ses mains ; on peut voir par ce que nous venons de dire dans ce chapitre, combien est peu sérieuse alors la responsabilité humaine.

CHAPITRE XV

DE LA RESPONSABILITÉ HUMAINE

Après tous les faits que nous avons vus ou étudiés précédemment, il est permis de se demander jusqu'où peut aller la responsabilité humaine, puisque l'homme est entouré d'êtres si nombreux, de lui inconnus et qui cependant peuvent influencer sur sa volonté partant sur son libre arbitre, d'une manière d'autant plus considérable qu'elle est inconsciente.

Cette responsabilité est si peu de chose, qu'on pourrait dire, ce nous semble, que dans bien des cas l'homme pourrait être considéré comme irresponsable de ses actes.

Du reste, plus la civilisation progressera, plus la justice humaine, si boîteuse aujourhui, agrandira le cercle de l'irresponsabilité.

A l'heure présente, nous avons les circonstances atténuantes pour arriver à ne pas frapper trop lourdement un inconscient, un jour viendra où les circonstances aggravantes annihileront totalement la Responsabilité.

Mais pour en arriver à ce résultat, il faudra connaître beaucoup mieux les lois de la Psychologie, il faudra que nos magistrats soient moins bourrés de *Jus Romanum* et de *Code civil* et connaissent beaucoup plus de psychisme.

Voilà pourquoi il y a un puissant intérêt au point de vue médico-légal, de réunir, condenser, étudier et analyser les observations sur l'hypnose, car aujourd'hui nos médecins, il faut le dire bien haut, connaissent fort peu la question ; nous allons en donner un exemple dans une affaire que nous avons suivie de près, et dans laquelle le jury d'une Cour d'assises n'y a vu que du feu, par suite de l'incompétence des docteurs.

Dans une affaire de somnambulisme jugée à Nice, au commencement de l'année 1893, la majeure partie des sommités doctorales de Paris a fait preuve d'une grande incapacité dans l'affaire Valroff, mais nous devons ajouter que MM. les docteurs Voisin, Dumontpallier, Schemeltz, Macario et Baréty ont émis des idées assez saines pour sauver la science doctorale, qui, sans eux, aurait absolument sombré.

Voici, en deux mots, l'exposition de l'accusation, pour ceux de nos lecteurs qui ne la connaîtraient pas, malgré le retentissement qu'elle a eu.

Un valet de chambre Valroff, exalté par des écrits révolutionnaires, pénètre la nuit dans la chambre de sa maîtresse, Mme G. de C. qu'il servait et l'a frappée, non sur le sein qui était découvert, mais sur le côté opposé caché par les couvertures.

Mme G. de C. se lève, s'enfuit dans un couloir ; Valroff la poursuit, rencontre la femme de chambre qui s'est levée pour se rendre compte du tapage qu'elle entend, et le valet de chambre fait feu sur elle deux fois ; mais ne l'atteint qu'une seule fois.

Les deux victimes soignées ont été guéries.

La cause est simple, et un psychologue aurait fort bien pu expliquer l'affaire comme nous-même. Mais non pas les médecins.

Les docteurs Motet et Brouardel, c'est triste à dire, se sont efforcé de faire de belles conférences pour la galerie et pour le Journal ; mais en somme, ils n'ont apporté aucun élé ment substantiel à la cause. Des mots, des mots, rien que des mots ! Et cependant le docteur Motet est un homme très compétent, comme en fera foi le travail que nous donnerons à la fin de ce chapitre.

Ces grands docteurs n'ont fourni aucun fait probant à l'appui de leur thèse insoutenable, à savoir que Valroff, par suite de dégénérescence atavique, ne pouvait avoir qu'une responsabilité limitée.

Et les pauvres jurés ont été obligés de démêler un écheveau très embrouillé pour tâcher de trouver, au milieu de celui-ci, ce que pouvait bien être une « *responsabilité limitée* ».

Pour tout esprit sérieux, un homme est responsable ou irresponsable, il n'y a pas de milieu entre ces deux alternatives ; et pour nous, comme pour la majorité des hommes de science, Valroff est absolument, totalement irresponsable, c'est un véritable somnambule, comme on va le voir.

Je sais fort bien que les âmes sensibles vont jeter les hauts cris de cette conclusion, mais en fait de science, il ne saurait être question de 'sentiment. La situation des victimes est certes très intéressante, très digne de commisération, mais enfin ces victimes ne sont pas plus à plaindre que si elles avaient été frappées par la foudre, si l'on veut.

La sentimentalité écartée, nous n'avons plus qu'à étudier un fait scientifique ; c'est ce que nous allons faire mathématiquement.

Nous nous serions bien gardé d'écrire ce qui suit avant le jugement ; nous n'aurions pas voulu avoir l'air d'influencer la décision du jury ou bien fournir à la défense un argument très sérieux qui aurait pu également entraver l'action de la justice.

Aujourd'hui que la cause est, en quelque sorte, tombée dans le domaine public, nous pouvons fournir une arme à la défense future, quand il s'agira de crimes que nous dénommerons psychologiques spéciaux.

Nous venons de dire, que quelques-unes de nos sommités médicales avaient *légèrement* erré ; voici pourquoi : c'est que ces beaux orateurs dans leur brillant tournoi n'ont traité la question soumise à leur examen qu'au point de vue physiologique et pathologique et ont négligé l'étude de la question au point de vue psychologique ou psycho-pathologique, si l'on veut.

C'était là, cependant, le point le plus important. Mais cet élément a été éliminé par nos bons docteurs, parce qu'ils sont loin d'être ferrés sur la matière.

Le mot *Psychisme* a bien été prononcé sans doute dans la discussion, mais comme accessoire ; il n'a servi en rien pour élucider le problème, parce que MM. les docteurs l'admettent à peine ; si ces messieurs avaient pu creuser le côté psychologique, nul doute que Valroff eût été acquitté purement et simplement, et considéré comme un être dangereux, comme un fou.

Pour démontrer le fait, il ne nous faudra pas de longs raisonnements, comme on va voir.

Nous avons affirmé que Valroff était absolument irresponsable. Nous avons pour le prouver de vrais savants : ce sont les douze docteurs qui ont figuré dans la cause ; douze, rien que ça.

Nous y voyons, en premier lieu, l'honorable médecin de la Salpêtrière le Dr Voisin, qui, dans son admirable déposition, conclut ainsi : « J'estime, Messieurs les jurés, que vous commettriez une erreur judiciaire en déclarant cet homme coupable. »

Ce médecin le trouve donc irresponsable du crime qu'il a commis ; et d'un !

Voici la fin de la déposition du Dr Schmeltz :

« Pour moi, Valroff a agi dans un état de somnambulisme. Valroff est un somnambule
naturel ! Donc, il ne saurait être responsable ; » et de deux !

Mais pour rendre hommage à la vérité, nous
devons ajouter que M. Schmeltz estime que
Valroff a agi en état de somnambulisme, ou
bien en l'état d'épilepsie larvée.

Mais il ne dit ceci que pour ne pas contredire brutalement un grand confrère ; car il ne
pense pas un mot de cette dernière hypothèse,
puisque, quand le Dr Brouardel revient à la
barre dire : « Je suis d'accord avec mon confrère sur la dégénérescence de Valroff; mais
il n'établit pas la différence entre le somnambulisme ; et l'épilepsie larvée », M. Schmeltz
réplique : « J'admets seulement le somnambulisme ; je n'ai cité l'épilepsie larvée que
pour mémoire, car les autorités médicales en
ont parlé. »

Attrape, cher confrère, on ne peut pas dire
plus poliment aux gens : « Comme vous êtes
un homme important, j'ai eu pour vous la
déférence de parler de l'épilepsie larvée, mais
puisque vous avez la maladresse d'insister,
alors je dis carrément non : J'admets seulement le somnambulisme. »

On doit savoir gré à l'honorable M. Schmeltz

de son courage, car il en faut vraiment pour répondre aussi franchement à ce qu'on nomme « *un Prince de la Science* ».

Nous regrettons vivement que M. Baréty, qui était mieux posé que tout autre *pour en connaître*, n'ait pas déclaré catégoriquement que Valroff était irresponsable. Il le sait et le sait fort bien par ses travaux spéciaux. Ce qui peut en témoigner c'est qu'il s'est contenté d'émettre l'idée d'un internement dans un établissement spécial; il a donc déclaré implicitement que Valroff était irresponsable, ou sa conclusion n'aurait aucun sens ; et de trois !

Mais qui a été beaucoup plus affirmatif, c'est Dumontpallier, qui partage non seulement l'avis du Dr Baréty, mais qui encore a conclu à l'inconscience complète de l'inculpé, donc à son irresponsabilité ; et de quatre !

Poursuivons notre tâche bien fastidieuse peut-être par son uniformité; mais il nous faut faire la preuve complète du fait que nous avons avancé et qui paraissait à première vue tout à fait paradoxal !

Le Dr Macario a déclaré qu'il « n'hésiterait pas à absoudre ce malheureux somnambule *qui appartient exclusivement à la médecine.»*

Est-ce clair ? Et de cinq !

M. Mesnet, de l'Académie de médecine, con-

clut « au somnambulisme spontané, » ce qui
eut entraîné fatalement l'irresponsabilité. Et
de six.

Maintenant si nous résumons la consulta-
tion du Dʳ Charcot, voici la dernière impression qui s'en dégage. Le crime reproché à
Valroff nous paraît avoir été accompli dans un
état pathologique (somnambulique) et le cé-
èbre professeur poursuit : «Il ne nous paraît
pas possible d'établir sans avoir recours à des
subtilités dangereuses des degrés dans la responsabilité de l'inculpé. »

Charcot est donc encore de notre avis, cela
fait sept.

Après cette conclusion du professeur, que
signifie celle du rapport des docteurs Moriez,
Plana et Fighiera, conclusion dans laquelle
nous lisons : « Que la responsabilité de l'accusé
n'est pas entière ; elle est atténuée, sans que
l'on puisse dire dans quelle mesure. »

Mais si la responsabilité est atténuée, elle
n'existe pas, donc ces trois docteurs sont de
notre avis ; et de dix !

Ensuite, il y a lieu de se demander ce que
peut bien signifier cette atténuation ?

Nous nous le demandons maintenant, comme
nous nous le sommes demandé plus haut. Il
ne saurait y avoir de moyen terme dans la res-

ponsabilité : un homme est responsable ou
irresponsable ; tout ce qu'on peut dire, c'est
qu'un inculpé peut être responsable, avec circonstances atténuantes ou aggravantes, et dès
lors il y a lieu de se demander aussi quel sens
peuvent bien avoir ces paroles du Dʳ Brouardel,
quand, répondant au défenseur, il a dit : « Je vais
exprimer mon opinion personnelle : il y a des
degrés dans tout, même dans la responsabilité. »

Dans beaucoup de choses, qu'il y ait des degrés divers, c'est fort possible ; mais non, mille
fois non, dans la responsabilité, en se plaçant
surtout au point de vue juridique, car, pour
si petite que soit la dose d'irresponsabilité,
l'inculpé doit être toujours considéré comme
irresponsable !

Nous concluons à notre tour, et cette conclusion aurait pu être celle du défenseur, nous
disons : Voilà une affaire dans laquelle figurent
douze médecins, et tous reconnaissent, plus ou
moins, l'irresponsabilité ou la responsabilité
limitée, ce qui est tout un, de l'accusé, et
cependant il se trouve un jury pour condamner un inculpé, dégénéré, malade, un somnambule, c'est-à-dire un *inconscient* !

A quoi cela tient-il ? C'est que personne, à
la Cour d'assises, n'a bien défini ce que c'était
qu'un somnambule !

Il aurait fallu dire : Le somnambule est un être qui agit d'une manière inconsciente, quelle que soit d'ailleurs la façon dont il est arrivé à l'état somnambulique ; car MM. les docteurs qui ne reconnaissent que le somnambulisme naturel ou provoqué se trompent fort ; il y a, en effet, mille et mille manières d'arriver au somnambulisme ; et dans l'espèce, comme on dit au Palais, Valroff était arrivé à l'état somnambulique par l'auto-suggestion, c'est-à-dire que par le fait de mauvaises lectures, de journaux socialistes, anarchistes, il avait pris en haine ses maîtres; hypnotisé, pour ainsi dire, par l'idée fixe de détruire le bourgeois, il avait poignardé à plusieurs reprises la maîtresse qu'il servait, et avait fait feu sur la femme de chambre par deux fois, et ce n'est certainement que le second coup de pistolet qui l'a éveillé ou plutôt dégagé de l'état somnambulique profond, dans lequel il se trouvait.

Voilà ce qu'un des médecins aurait pu dire devant la Cour d'assises, car c'était là le véritable point à élucider.

Si un médecin avait ainsi parlé, nul doute que le pauvre malade n'eût été acquitté et interné dans une maison de santé.

Ce Valroff était aussi peu responsable qu'un

enfant et nous n'ignorons pas que le code d'intruction criminelle a deux articles au sujet
de l'enfant, les voici :

Art. 79. — Les enfants de l'un et de l'autre
sexe au-dessous de l'âge de quinze ans pourront être entendus par forme de déclaration
et sans prestation de serment.

Et l'article 340 ajoute « si l'accusé a moins
de seize ans, le président posera à peine de
nullité cette question : « L'accusé a-t-il agi
avec discernement ? »

Or ce n'est pas seulement pour les enfants
accusés à qui il faudrait poser cette question,
mais encore pour tous les accusés, quel que
soit leur âge et leur sexe, car bien souvent, les accusés majeurs sont aussi irres-
ponsables que les enfants ; aujourd'hui dans
bien des cas, dans les crimes dits *passionnels*,
les procureurs généraux chargent si peu ces
malheureux accusés, nous devrions dire ces
malheureuses victimes, qu'ils terminent leur
accusation par cette formule que le jury comprend fort bien : « Nous ne nous opposons pas
à l'admission de circonstances atténuantes. »

Dès lors le jury déclare non coupable l'accusé.

Malgré l'infériorité admise par le code
d'instruction criminelle à l'égard des enfants,

il en résulte que, dans la pratique, ce témoignage n'en impressionne pas moins le jury.

Bien des docteurs, Motet, Bérillon et d'autres encore, ont étudié la responsabilité de l'enfant ce dernier a soumis, il y a quelque temps déjà à la *Société d'Hypnologie*, un travail des plus intéressants duquel il résulte d'une façon évidente que les enfants à l'état de veille et en dehors de toute magnétisation ou suggestion, cèdent à de nombreuses influences et peuvent dès lors affirmer, par exemple, avoir vu des faits qui n'existent que dans leur imagination.

Le Dr Bérillon, à la suite d'expériences souvent renouvelées, démontre que l'enfant est amené à dissimuler la vérité par un hasard que le docteur ne peut s'expliquer, aussi bien que par une volonté perverse. Le D^r ajoute que le témoignage de l'enfant dépend souvent de la façon dont il a été interrogé, cette communication a une grande importance, car bien souvent de malheureux innocents ont été condamnés, rien que sur les témoignages d'un enfant ; témoignage des plus dangereux, comme le prouve les lignes qui suivent d'un mémoire du Dr Motet devant l'*Académie de Médecine*.

« Quand les enfants sont appelés à déposer devant la justice, dit l'honorable docteur, leur déposition fait une très vive impression. En effet, ils racontent ce qu'ils savent avec une simplicité et une précision qui ne peuvent qu'entraîner la confiance. L'entourage se laisse aisément gagner par une émotion qui va grandissant toujours, se doublant de l'indignation et de la pitié qu'inspire une monstrueuse aventure. Par un procédé dont il est facile de se rendre compte, parents, amis, voisins, acceptent sans contrôle le fait, vrai ou faux ; ils y ajoutent incessamment de nouveaux détails, constituant un ensemble bien plus complet que le récit primitif : l'enfant s'en empare, il se l'assimile, il le reproduit sans variantes et, devant le magistrat, c'est avec une précision terrible qu'il accuse.

« Lassègne racontait qu'un jour il avait eu à intervenir dans une affaire grave. Un négociant chemisier est appelé devant un juge d'instruction sous l'inculpation d'attentat à la pudeur, sur une jeune enfant de dix ans. Il proteste en termes indignés : il affirme qu'il n'a pas quitté sa maison de commerce à l'heure où aurait été commis l'attentat dont on l'accuse. La déposition de l'enfant est là, claire, précise ; il la reproduit dans tous ses

14

détails, et les parents confirment ses dires. Le magistrat ébranlé, par l'attitude du négociant, homme parfaitement honorable, s'arrête et ne poursuit pas l'affaire. Mais celui-ci reprend l'enquête pour son compte, il veut savoir pourquoi l'enfant l'accuse, et voici ce qu'il apprend, dirigé par le docteur Lassègne. »

Nous allons analyser la fin en quelques lignes. L'enfant avait fait l'école buissonnière, et comme il était rentré très en retard chez lui, pour ne pas être grondé il imagina, sur une supposition folle de sa mère « qu'il avait été victime d'un attentat. »

On voit que, sans l'honorabilité connue du négociant, l'accusation si précise de l'enfant eût très bien pu faire condamner un innocent.

Il nous reste à dire d'où peut provenir cette précision dans la calomnie, chez l'enfant.

Les personnes molles, apathiques, sans volonté sont souvent le jouet des *élémentals* et des *élémentaires* et peuvent dès lors commettre bien des lâchetés, bien des mauvaises actions, sous l'influence de ces êtres de l'espace, qui sont même satisfaits de pouvoir faire le mal, mais comme ils ne peuvent le faire par eux-mêmes, ils le font, pour ainsi dire, par procuration. Or, les enfants sont généralement des êtres faibles, facilement malléables ; voilà pourquoi ces mauvais esprits ont un grand empire sur eux. Tel est l'un des principaux motifs qui les font calomnier les personnes, sans aucun autre but que celui de leur nuire.

Mais combien d'hommes, sous le rapport du caractère, sont de grands enfants.

Voilà pourquoi un grand nombre de criminels sont inconscients, et leur responsabilité nulle. Voilà pourquoi on devrait abolir la peine de mort ; car, aucun humain n'ayant la faculté de juger à fond une conscience, les juges prennent une terrible responsabilité.

Puis, chaque fois qu'on rejette dans l'autre monde un individu qui a disparu par suite d'une mort violente, on envoie dans l'espace un être des plus dangereux, qui s'efforce de revivre par d'autres et qui, ayant une haine profonde de notre société, commet, par les intermédiaires dont il peut s'emparer, tous les forfaits possibles ; de là, une grande source des maux qui accablent l'humanité.

Les élémentaires les plus dangereux pour l'homme sont les suicidés, les guillotinés, les pendus, les garrotés, tous les criminels auxquels on a brusquement supprimé la vie.

C'est pourquoi, non seulement il faudrait

abolir la peine de mort, mais encore il faudrait étudier tout différemment, dans le Code d'intruction criminelle, la *Responsabilité*.

Comme conclusion à ce chapitre, nous donnerons, quelques lignes d'une œuvre remarquable du Dr Azam, professeur à la Faculté de médecine de Bordeaux (1) :

« Ici se pose naturellement le problème de la *Responsabilité* ; car, intimement liée à l'intégrité de la personne intellectuelle, la responsabilité est dans ces cas plus ou moins atteinte.

« Il est de notion élémentaire que *nul ne saurait être responsable d'un acte s'il n'a eu l'intention de l'accomplir* : La loi a des circonstances atténuantes et le magistrat peut accorder l'acquittement à l'inculpé qui a agi sans avoir conscience de son acte.

« Mais si l'indication est claire, rien de plus douteux et de plus troublé que l'interprétation de ces mots : *avoir la conscience de son acte...*

« Si pour certaines altérations de la personnalité rien n'est plus aisé que de conclure à l'irresponsabilité, il est des cas où, dans

---

(1) HYPNOTISME, DOUBLE CONSCIENCE et altération de la personnalité 1 vol. in-18, Paris. B. Baillière, 1887.

l'état actuel de notre connaissance de l'homme, rien n'est plus difficile.

« Je ne prétends pas, on le comprend, donner ici une solution tendant à écarter un embarras que je partage, mais j'émettrai une espérance, c'est que la conscience de l'homme fera des progrès non moins grands dans l'esprit des magistrats que dans celui des médecins, et que nous finirons par ne plus voir des criminels, aliénés, épileptiques ou hystériques, frappés par une justice aveugle.

« Que la société se protège contre leur fureurs, rien de plus légitime, mais que ce soit comme contre la rage du chien ou la férocité du loup. Ce que l'on ne saurait comprendre, c'est qu'elle frappe comme responsable, un criminel qui n'est lui-même qu'une victime, une victime de la maladie. »

Nous n'avons pas dit autre chose dans ce chapitre, c'est pourquoi nous avons été heueux de donner la conclusion d'un savant tel que le Dr Azam, car sa compétence même nous met à l'abri de tout reproche de partialité dans une question que nos législateurs devraient s'efforcer de résoudre, très prochainement.

14.

CHAPITRE XVI

LA CHROMOTHÉRAPIE

Je crois que jusqu'ici personne n'a pu formuler une théorie sérieuse, basée sur la science, pour expliquer d'une manière mathématique, en quelque sorte, la fin de notre monde terrestre.

Nous allons donner ici cette théorie, basée sur la physique, laissant à un astronome le soin de calculer mathématiquement la fin du monde.

Il le pourra, certes, nous ne saurions en douter, puisque, dans la présente note, nous lui donnons la base sur laquelle il pourra établir ses calculs... approximatifs.

La science a parfaitement reconnu et DÉMONTRÉ que le frottement des marées fait croître continuellement la longueur du jour.

Et par *jour*, il faut entendre *le jour astronomique* de vingt-quatre heures, et non le laps de temps écoulé pendant lequel le soleil se tient au-dessus de l'horizon.

Cette observation absolument admise par la science, nous permet de dire que *la Terre* tournait autrefois avec une vitesse plus considérable qu'aujourd'hui. C'est même cette vitesse qui a donné naissance à l'applatissement des pôles, surtout au moment où l'écorce terrestre se solidifiait.

Plus la terre tournera lentement, et plus ses pôles se relèveront ; on peut même prédire, sans être grand prophète, qu'un jour la terre tournera si lentement, que les pôles se relevant de plus en plus, changeront la forme de notre planète.

Mais, si les marées par leur frottement continuel allongent constamment le jour, comme le soleil ne brillera, à quelque chose près, que le même laps de temps au-dessus de l'horizon qu'aujourd'hui, la durée du jour astronomique étant de plus en plus considérable, il arrivera nécessairement un refroidissement progressif et proportionnel (1) ; on peut donc prévoir le

(1) Les astronomes ont déjà constaté un abaissement moyen de température dans le demi siècle écoulé.

moment où, le refroidissement devenant très prolongé, rien ne pourra plus végéter et par conséquent vivre sur notre planète, par suite de ce refroidissement tout à fait anormal. Ce sera donc la fin du monde. Mais il s'écoulera encore de longs jours avant ce terme, nos lecteurs n'ont donc pas sujet de s'effrayer outre mesure, en vue du *cataclysme*.

Comme corollaire aux lignes qui précèdent, nous dirons que les hommes, qui meurent aujourd'hui centenaires, comme le vénéré Chevreul, par exemple, ont de beaucoup dépassé l'âge de 900 ans, attribué au très vénérable Mathusalem, puisque à cette époque lointaine, les jours devaient être, comme nous venons de le faire entrevoir, beaucoup plus courts qu'aujourd'hui !

Des lignes qui précèdent, on peut bien conclure que la lumière, par suite la chaleur et l'action chimique des rayons du soleil, qui chauffent notre planète sont la cause directe de toute l'activité vitale de notre terre. Il n'est donc pas étonnant qu'un médecin ait cherché à guérir les malades par les rayons solaires.

Ce médecin est américain, c'est le Dr Babitt de New-York. Il a étudié l'action physiologique de la puissance solaire et a résumé sa

« Chromopathie » en un système (1). Il a
même fondé un collège, où cette action physiologique du soleil, ainsi que son action chimique sont enseignées, enfin il a fondé un
hôpital, où les malades, au lieu d'être drogués,
comme dans la médecine usuelle, sont guéris
par l'action directe du soleil.

Il ne faut pas croire, du reste, que ce système
soit moderne, les bains de soleil ainsi que les
bains de lumière colorée étaient bien connus
des anciens Egyptiens, et les riches Romains
possédaient tous sur le sommet de leur maison un *Solarium*, où ils allaient guérir leurs
rhumatismes et autres maux, fruits de leurs
immondes débauches.

Dans le traitement solaire, ce qui guérit le malade, ce n'est pas la chaleur mais la couleur des
rayons, c'est pour cela que le Dr Babitt dénomme son système *Chromopathie* (maladie des
couleurs) auquel nous avons substitué le
terme plus rationnel de *Chromothérapie*,
guérison par les couleurs, par la lumière
colorée.

Il y a environ vingt ou vingt-cinq ans, qu'un
général américain, le général Pleusauton de

---

(1) Le Dr Babitt a formulé son système dans son
volume qui pour titre : *Principles of light and colours.*

Philadelphie, a remis en lumière l'action curative de la lumière bleue et comme plusieurs
cures surprenantes furent faites à l'aide de
cette lumière colorée, la folie de la lumière
bleue s'empara d'une grande partie de l'Amérique ; mais comme l'application de la lumière
à la maladie n'avait pas été étudiée, cette
application laissant beaucoup à désirer, fut
faite d'une manière tout à fait irrationnelle,
aussi, dans beaucoup de cas, le succès fut
incomplet, quand il ne fut pas nul.

Dans bien des maladies, par exemple, c'est la
lumière rouge qu'il faut employer, on comprend que si c'est la lumière bleue qui est
utilisée, le résultat est nul ; aussi le traite-
tement par la lumière insuffisamment connu
fut bientôt abandonné. Aujourd'hui, il n'y a
guère que quelques esprits philosophiques et
chercheurs qui aient étudié l'application de
la lumière à la thérapeuthique, et c'est par
eux que nous savons, par exemple, que la
lumière bleue a un effet calmant dans certaines maladies nerveuses ; c'est pourquoi les
déséquilibrés, les maniaques très surexcités,
sont immédiatement calmés, si on les enferme
dans une pièce où la lumière et tamisée à
travers des verres ou des vitraux bleus ou
violets.

Personnellement, nous affirmons que la lumière violette agit d'une manière très sensible sur la végétation. Ayant bouturé dans une serre quantité de plantes fort délicates, sous une cloche de verre ordinaire verdâtre et sous une cloche violette, non seulement les boutures faites sous cette dernière réussissaient presque toutes, mais au bout de quinze ou vingt jours elles acquéraient une vigueur plus sensible que celles bouturées sous la cloche de verre ordinaire. De petits melons (les cabouls de Tours) ont été beaucoup plus hâtifs sous l'action desr ayons violets.

Si nous poursuivons notre étude sur les rayons colorés, nous voyons que la lumière rouge a un effet stimulant, tandis que la lumière jaune a un effet purgatif absolument marqué sur de hauts sensitifs.

Arrivés à ce point de notre étude, il s'agit de trouver une explication satisfaisante et plausible des effets curatifs de la lumière colorée. Nous allons donner le premier : l'explication très certaine de l'action de la chromothérapie ; nous disons le premier, en effet, nous ne l'avons vue ni constatée nulle part, et cependant la solution était facile à trouver ; mais encore fallait-il la trouver et c'est bien le hasard qui nous a donné la clef du problème.

Les couleurs agissent suivant les lois de la polarité, voilà ce que nous pouvons affirmer ; c'est l'étude approfondie des travaux de Reichenbach qui nous a mis sur la voie.

Nous lisons en effet dans Reichenbach (lettre sixième page 42) : « Par ce phénomène lumineux, aussi bien que par la production de la sensation de fraîcheur, vous reconnaissez clairement que celui qui fait ces passes produit sur l'organisme de celui qui les reçoit une irritation (pour excitation probablement) telle qu'on est forcé de lui accorder une grande signification : que l'OD, qui émane avec la lumière bleue, influe comme excitant d'une façon toute particulière avec la lumière rouge, sur les porteurs d'OD, c'est-à-dire hétéronomes sur hétéronomes. »

Dans cette *lettre sixième*, Reichenbach, nous paraît très explicite ; nous engageons nos lecteurs à se reporter à ce que nous avons dit ci-dessus, pages 18 et 19, quand nous avons résumé quelques axiomes de cet auteur. On verra là en germe la chromothérapie, par la décomposition du spectre solaire.

Par la citation qui précède et notre renvoi, on peut bien dire que, si Reichenbach ne connaissait pas la chromothérapie, il l'avait du moins pressentie.

Evidemment, il ne savait pas, comme nous, que toutes les couleurs du spectre pouvaient être utilisées ; il ne voyait que la bi-polarité. Chacune des couleurs du spectre exercent une influence sur l'organisme de l'homme ; c'est un fait aujourd'hui prouvé. Le bleu est un calmant, nous l'avons vu, au lieu d'être un excitant, comme le dit Reichenbach, le pourpre réchauffe, le rouge agite, le jaune anime.

Des personnes compétentes prétendent que ce genre de médication agit très rapidement, même sur les maladies réputées incurables, telles que le cancer, la tuberculose, les paralysies, etc., etc.

Une revue médicale, *The Health Manuel*, disait dans un de ses numéros : « Nous aurions besoin d'un nouveau mode médical qui puiserait ses remèdes dans le fonds de la nature et qui donnerait la préférence aux remèdes les plus fins, les plus délicats, parce nature, ne saurait être guéri que par les remèdes les plus subtils. »

La Chromothérapie répond au *desideratum* du *Manuel de la santé*, puisque la lumière est sans contredit l'une des choses les plus subtiles, les moins matérielles de la nature,

15

ce genre de médication, joint à la médecine de la foi, sera certainement la médecine de l'avenir.

Du reste, la théorie du docteur Babitt a de nombreux partisans, non seulement à New-York, mais à Boston, en Angleterre, en Allemagne, en Autriche, à Gratz, par exemple ; mais il s'écoulera un long temps encore avant qu'elle se généralise et que les sommités médicales surtout puissent comprendre de telles vérités et admettre que la lumière solaire peut être employée avec avantage et sans aucun danger pour guérir toutes ou presque toutes les maladies.

Et cependant nous n'ignorons plus aujourd'hui que tous les corps sans exception, (y compris celui de l'homme), sont constitués par des vibrations dites *stationnaires*, vibrations qui proviennent d'un seul élément originel, de l'*Aither* ou matière primordiale (*Prakriti*), ce qui explique l'action thérapeutique de la lumière colorée ou *Chromothérapie*.

CHAPITRE XVII

LA QUATRIÈME DIMENSION

De prime abord, le lecteur qui aura lu le titre de ce chapitre pourra se demander ce qu'une question de mathématiques peut venir faire dans un ouvrage de *Psychologie* ; mais, s'il veut bien poursuivre sa lecture, il reconnaîtra bientôt que la question traitée est intimement liée au sujet qui fait le fond de notre ouvrage.

En effet, nous avons vu en parlant de l'astral, page 70, note 1, que « par le fluide astral » les corps physiques peuvent être agrégés et désagrégés. C'est précisément cette propriété qui amène à la découverte de la quatrième dimension, à laquelle nous avons fait allusion plus haut page 60, c'est cette faculté du corps astral (d'être dans l'homme et en dehors de l'homme) qui a fait dire du corps astral qu'il était doué de la *quatrième dimension*.

Les corps solides (un cube de bois par exemple) possèdent trois dimensions : longueur, largeur, épaisseur ou profondeur. Nous nous rendons compte de ces dimensions parce que nous les saisissons par la vue, nous les voyons, nous les connaissons.

Mais comment s'imaginer, se représenter à l'esprit une quatrième dimension ? Une pareille énonciation ne nous représente rien à l'esprit. Et cependant nous sommes, paraît-il, à la veille de trouver et de définir cette quatrième dimension, comme on va voir.

Un distingué savant anglais, un grand chimiste, M. Williams Crookes, a trouvé un quatrième état à la matière, prévu par Faraday dès 1816, il l'a nommé *Etat Radiant* ; nous avons donc depuis l'état solide, l'état liquide, l'état gazeux, enfin, l'*Etat Radiant*.

Le savant astronome Zöllner a tenté de nombreuses et célèbres expériences pour donner des preuves certaines d'une quatrième dimension de l'espace, laquelle aurait pu au point de vue de M. Zöllner, servir de base à une explication plausible d'un grand nombre de phénomènes spiritiques ou médianimiques ; par exemple, des apports, des objets matérialisés et dématérialisés sur-le-champ ; entrelacement de deux anneaux solides tournés dans une pièce de bois par exemple, et entièrement séparés l'un de l'autre avant l'opération, d'un nœud simple dans une corde de chanvre sans fin ; la pénétration d'un objet solide de l'extérieur à l'intérieur d'une boîte hermétiquement fermée.

Si l'une quelconque des expériences relatées ci-dessus avaient réussi, avec un médium, devant une commission scientifique, devant celle de Milan par exemple, qui avait Eusapia, Paladino, comme médium, les longues et patientes recherches de M. Zöllner auraient été couronnées de succès. Malheureusement, le médium Napolitain de M. Chiaia n'a pas eu la faculté de désintégrer la matière et de pouvoir la reconstituer ensuite, malgré tous les efforts tentés dans ce but. Cependant la chose existe, mais nous déclarons ne l'avoir jamais vue directement ; combien de spirites, d'occultistes et de théosophes ont cependant affirmé avoir vu cette manifestation.

M. de Bodisco, dont on ne saurait mettre en doute l'honorabilité et la bonne foi, nous dit dans son livre *Traits de lumière* page 47 :

« Objets dématérialisés par l'esprit transmis à travers la matière, tels que : murs, fenêtres et porte de la chambre pour être matérialisés sur la table et dématérialisés ensuite, tels que: fleurs, objets de toilette, pièces d'argent, bagues, livres, etc.

« Pièces d'argent prises dans ma poche, sans que je l'eusse remarqué, et matérialisées ensuite sur la table, mon porte-monnaie étant resté dans ma poche. Vu la haute importance scientifique de cette expérience, je l'ai fait répéter souvent dans des milieux les plus divers de la société. »

Bien des personnes de bonne foi comme M. de Bodisco, nous ont affirmé la chose, mais enfin personnellement, malgré beaucoup de démarches et d'expériences, nous n'avons jamais, jamais pu voir directement l'opération, nous avons bien vu des apports de fleurs, des objets divers, mais enfin, les expériences n'ont pu être suivies par nous *de visu*, les apports arrivaient toujours dans des séances obscures, ce qui ne peut constituer une preuve scientifique suffisante.

Et nous le répétons, une seule constatation d'un de ces faits aurait démontré la propriété des corps de posséder une quatrième dimension; car nous devons dire enfin, en quoi

celle-ci consiste : *La quatrième dimension,*
celle du *mouvement à travers,* serait l'*Inter-*
pénétration, c'est-à-dire la pénétration de
deux corps solides, c'est-à-dire la désagrégation ou *dissolution* d'un corps et sa recons-
titution immédiate ou *création à nouveau.*

Si cette quatrième dimension affirmée
aujourd'hui par quelques rares personnes
vient à être généralement connue et admise,
nous proposons de l'appeler *l'odan,* terme
qui, d'après Reichenbach, signifie dans l'ancienne langue germanique *qui pénètre tout.*
(Voir ci-dessus, page 17.)

CHAPITRE XVIII

DE LA MATÉRIALISATION ET DE L'EXTÉRIORISATION

Dans tout ce qui précède, et principalement
dans le dernier chapitre, nous avons parlé de
matérialisation et de dématérialisation. Malheureusement, il ne nous est pas possible de

formuler en quoi que ce soit les *Lois de la matérialisation* : que sont-elles ?

Bien souvent, nous avons voulu les connaître ; nous nous sommes adressé pour cela, à de bons médiums qui tous nous ont répondu à peu près dans ce sens : « Vous n'avez absolument rien sur la terre à quoi l'on puisse comparer, même de très loin, la force spirituelle ; vous ne sauriez donc vous en faire une idée, quand votre science connaîtra bien ou du moins saura mieux apprécier les lois du magnétisme et de l'électricité, les lois de la matérialisation pourront vous être révélées, car alors vous pourrez les comprendre, mais il s'écoulera encore un laps de temps assez long. »

Cette communication qui nous a été donnée par un excellent médium, si elle ne peut nous satisfaire en ce qui concerne les lois de la matérialisation et de la désagrégation, nous fait entrevoir, qu'il nous reste encore beaucoup à apprendre sur l'électricité et le magnétisme, si c'est triste, c'est aussi consolant, car cela peut faire entrevoir que de grandes découvertes dans cette voie sont réservées à l'humanité.

Il nous faut donc pour le moment admettre qu'il y a des phénomènes que notre esprit ne saurait comprendre qu'après des découvertes nouvelles et après une certaine incubation.

DE L'EXTÉRIORISATION

Le corps de l'homme, nous l'avons vu, a une enveloppe subtile, le *périsprit* ou *fluide astral*, qui relie pendant la vie ce corps avec l'âme ; après la mort, quand le corps matériel est dissous, désagrégé, oxydé, l'individualité possède un corps éthéré, c'est encore le *périsprit*, que les occultistes nomment non seulement *astral*, mais *Force extériorisée*.

Quand nous dormons profondément, notre astral se dégage et va où le pousse notre désir, notre volonté ; ce dégagement s'accomplit chez tous les hommes d'une manière inconsciente, seulement, les uns ne s'en doutent point et ne se le rappellent pas par conséquent, les autres se le rappellent et considèrent comme un rêve les scènes, les travaux ou les promenades accomplis dans l'astral.

Des sensitifs, des médiums avancés, des occultistes peuvent, même éveillés, dégager leur astral de leur corps physique, et ceux

15.

des adeptes ou initiés de l'occultisme qui sont très avancés peuvent même, à l'aide de l'astral, matérialiser leur corps physique (passer du plan astral au plan sthulique) et se montrer fort loin de leur corps à des amis, à des connaissances, à des étrangers.

Ces apparitions, quelque extraordinaires qu'elles puissent paraître, sont réelles, on ne saurait les mettre en doute ; du reste, de tous temps et chez tous les peuples, elles ont été constatées. Le Christianisme les a admises comme des miracles, miracles si l'on veut, mais les Pères de l'Église expliquent le fait comme nous venons de le dire nous-mêmes. Nous ne mentionnerons à ce sujet que Tertullien, par exemple, qui, dans son *De carne Christi*, cap. 6, nous dit : « Les anges ont un corps qui leur est propre et qu'ils peuvent même transfigurer en chair, par celui-ci ils peuvent même se montrer aux hommes et communiquer ainsi avec eux. »

Le corps des anges, dont il est ici question, est tout simplement le fluide astral, qu'ils manipulent d'une certaine manière pour le transformer en corps matériel. Voilà ce que nous ne connaîtrons, que lorsque nous possèderons les lois de la matérialisation.

Nous venons de dire que l'homme avancé

en Occultisme pouvait ainsi dégager son astral, c'est-à-dire provoquer une *Extériorisation*, c'est là un fait très certain ; mais par quels moyens ? Ces moyens sont divers.

L'*Initié* n'en emploie qu'un seul : sa volonté, qu'il dirige d'une certaine façon que nous ignorons et que nous ne saurions divulguer, si même nous la connaissions.

Mais ici, il y a lieu d'informer ceux qui voudraient s'engager témérairement dans cette voie, qu'elle est extrêmement dangereuse, semée d'écueils, qu'il faut être arrivé à certain degré d'avancement en occultisme, pour pouvoir tenter l'aventure sans danger, car on a besoin de trouver des guides pour de pareilles opérations, et ces guides ne peuvent vous arriver que lorsqu'on en est digne par un grand nombre de qualités que peu de personnes possèdent aujourd'hui.

Il y a environ un an ou un an et demi un M. D. s'était fait construire un laboratoire alchimique ou magique pour s'y livrer à des expériences de science occulte. Il lui arriva qu'en voulant tenter une expérience d'*extériorisation de la sensibilité* sur son double, il faillit succomber comme foudroyé, car tout dans son laboratoire vola en éclats, et c'est très étonnant que l'opérateur s'en soit tiré sans autre danger qu'une frayeur atroce.

Ceci démontre que, sur le terrain de l'occulte, il ne faut pas s'aventurer sans être absolument initié, sans avoir un guide sûr, avec l'aide duquel on puisse marcher avec toute confiance.

Nous venons de dire plus haut qu'il y a divers moyens d'obtenir l'extériorisation ou le dégagement astral; en effet, le premier, le seul qu'on puisse pratiquer sans danger est celui que nous venons de décrire; quant aux autres, ils sont très nombreux. L'ivrogne, l'alcoolique, le buveur d'absinthe, de laudanum, le mangeur ou fumeur d'opium, dégagent littéralement leur astral par des absorptions de la drogue qui leur est chère; mais ces moyens factices, est-il besoin de le dire, sont extrêmement dangereux; aujourd'hui, tout le monde le sait, ils conduisent ceux qui les emploient à la folie, à la mort, après les avoir fait passer par les maladies les plus terribles; tous les narcotiques et les stupéfiants provoquent l'extériorisation.

Un autre moyen d'extériorisation consiste dans l'emploi de l'hypnotisme; nous l'avons signalé ci-dessus, page 60, *in fine*.

Enfin, il y a des moyens violents, par exemple, les derviches tourneurs arrivent, par l'abus de la rotation sur place, à dégager leur astral ; mais ils côtoient la voie qui conduit aussi à la folie.

Les moyens d'extériorisation énumérés, il s'agit de savoir l'utilité de ce dégagement de l'astral.

Cette utilité peut être considérable ; ainsi, un médium extériorisé voit le passé, lit dans l'avenir, se transporte à n'importe quelle distance ; dans les cas d'opérations chirurgicales douloureuses, l'extériorisation supprime souvent totalement la douleur ou la rend supportable, suivant la nature et la constitution de l'*Extériorisé*.

Un moyen de s'extérioriser consiste dans l'emploi du protoxyde d'azote , mais on a eu à enregistrer de fréquents accidents chez des dentistes qui ont employé ce moyen pour accomplir des opérations très douloureuses.

Le chloroforme, comme l'éther, sont des substances extériorisantes ; mais aussi tous nos lecteurs savent combien il est dangereux de prolonger le sommeil des patients avec de tels stupéfiants ; enfin, il existe ce qu'on nomme les substances psychiques, qui sont employées dans le même but ; nous les étudions dans le chapitre suivant.

CHAPITRE XIX

LES SUBSTANCES PSYCHIQUES

Sous cette dénomination, on comprend tous les narcotiques et tous les stupéfiants. Le plus connu et le plus employé est, sans contredit, le *Haschich.*

Ce terme dérivé de l'arabe signifie simplement *Herbe,* d'où l'expression connue en Orient de *Haschich al fokaro*, l'herbe aux fakirs.

Le haschich est un produit obtenu au moyen du chanvre indien (*Cannabis indica*).

Le chanvre qui croît sous notre zône tempérée n'a pas, tant s'en faut, au même degré, les propriétés, les *vertus*, pourions-nous dire, qui distinguent au point de vue psychique le chanvre indien.

La plante textile de chez nous a cependant

encore une certaine force, car les personnes imprudentes qui dorment non loin des champs de chanvre éprouvent assez rapidement des étourdissements, des malaises plus ou moins violents, enfin des vertiges.

Il est également dangereux de respirer une poignée de feuilles de chanvre, car suivant le point de développement atteint par la plante, on sent monter au cerveau des vapeurs inébriantes ou même stupéfiantes.

Cette propriété était connue des anciens, puisque le Père de l'histoire nous dit que « les Scythes s'enivraient en respirant la vapeur des semences de chanvre torréfiées au moyen de pierres chauffées à blanc ; et malgré cela, chez nous, personne ne connaissait les propriétés du chanvre avant 1857, c'est-à-dire avant l'année où la Société de pharmacie mit au concours l'étude du *Cannabis indica*.

Avant d'étudier les effets que celui-ci produit sur l'économie de l'homme, nous donnerons quelques détails sur l'analyse et les propriétés spéciales de chacun de ses principes immédiats, nous dirons ensuite quelles sont les différentes méthodes de préparer ce produit, de l'administrer ou de le consommer, enfin nous passerons à la description des effets physiologiques et inébriants du haschich.

Il y a quelques années la culture du haschich ou *Esrar* se faisait sur une grande
échelle dans tout l'Empire Ottoman, mais, depuis une dizaine d'années, un Iradé Impérial a
prohibé toute culture de chanvre pour fabrication de haschich.

Dans quelques pays, notamment en Algérie,
en Turquie, en Egypte, en Tunisie, on fume le
haschich et on le mâche soit pur, soit mélangé
avec du tabac très blond. C'est principalement
dans la Turquie d'Asie qu'on en fait usage sous
le nŏm de *Esrar*, on le consomme comme un
sirop, après l'avoir parfumé avec des essences
aromatiques, on le fume aussi à la manière
de l'opium dans une petite pipe dans laquelle
on place une pastille ou boule de quatre
grammes environ qu'on a préalablement grillé.

PRÉPARATIONS DIVERSES

En Algérie on nomme *Madjoun* un mélange
de poudre de haschich et de miel, on fait
griller légèrement cette composition, dont on
fait des infusions et des décoctions qu'on mêle
à divers breuvages. — Ce madjoun est une
sorte d'onguent d'un jaune verdâtre d'uno
odeur et d'un goût fade, à Calcutta le madjoun

se nomme *Majoon*, au Caire, *Mapouchari*, et dans l'Arabie *Dawamesc*.

La plus forte des préparations de haschich se fait en Orient de la manière suivante : On fait bouillir la fleur du chanvre avec du beurre et très peu d'eau pour empêcher le grillage. Quand l'eau est évaporée, le beurre est suffisamment imprégné du principe actif, la drogue est faite et mise dans des vases ou des boîtes. Cet extrait de haschich a l'odeur du beurre et du chanvre, on le prend souvent sous forme de pilule, qu'on avale avec du café noir, mais comme ces pilules ont un goût assez désagréable, les Arabes le consomment peu de la manière que nous venons d'indiquer ; ils en font généralement des pastilles qu'ils parfument à la vanille, au ciname, à l'essence de rose ou de musc ou avec d'autres produits aromatiques.

En résumé, les préparations du haschich affectent la forme de pâtes, de pastilles, de tablettes, de confitures et d'électuaires, c'est là une véritable préparation orientale, celle qui donne aux consommateurs les plus beaux rêves, les plus belles illusions ; avec son aide, que de bons musulmans se croient transportés au milieu des houris et des almées qui peuplent le Paradis de Mahomet ; ce haschich est composé d'un extrait de cannabis indica mélangé à des huiles végétales et à des aromates divers.

On boit également de l'eau distillée provenant du haschich, mais c'est de la petite bière, elle ne produit que peu d'effet.

Quand on distille avec un même poids d'eau des quantités considérables de chanvre indien, on obtient une huile moins dense que l'eau, elle surnage donc ; à 12 degrés, l'eau sépare de petits cristaux ; elle est composé alors de deux principes, l'un liquide, le cannabène, l'autre solide qui est un hydrate de cannabène.

Le *Gunjah*, ou Gauja, n'est autre chose que la plante tout entière séchée à l'état nature, contenant par conséquent toute sa résine ; elle est mélangée avec du tabac à fumer mais en moindre proportion que celui-ci.

Le *Bang* ou Bhang employé dans certaines maladies se vend chez les herboristes du Caire ; c'est un composé de feuilles et de graines de la plante.

Le *Hafloun* ou Haflou, extrait aqueux très actif, est employé par les adeptes les plus fanatiques de quelques sectes religieuses et par ceux qui, ayant le palais blasé et le cerveau endurci, ne se laissent plus influencer par les préparations ordinaires.

Le *Chatsraky* est une teinture dont le Caire a depuis longtemps le monopole.

Le *Cherris* est une sorte de résine récolté au Népaul à la manière du laudanum.

Lorsqu'on respire les vapeurs du cannabène, ou qu'on absorbe cette substance, on ressent dans tout son être un singulier frémissement, un besoin extraordinaire de déplacement, de mouvement, lequel est bientôt suivi d'abattement et parfois de syncope. Les hallucinations produites par le cannabène sont pénibles, très rarement agréables, on est plutôt frappé de stupeur, et le cerveau est loin d'être entraîné vers les idées fantastiques et drolichonnes.

Du reste, l'action du cannabène est très fugitive ; c'est la substance résineuse du chanvre qui a des propriétés spéciales et produit les mêmes effets que les sommités fleuries du cannabis indica. Il faut donc isoler la résine, et pour cela, il faut faire digérer la plante avec de l'eau tiède renouvelée jusqu'à ce qu'elle soit incolore ; puis on fait macérer la plante environ trois jours avec une solution de carbonate de soude, puis la traiter avec de l'alcool. — On précipite le chlorophyle de la plante par la chaux ; avec du noir animal on décolore, puis par évaporation on obtient enfin la *Cannabine*, sorte de résine brune, molle, ayant une odeur vireuse, insoluble dans l'eau, mais soluble dans l'alcool et l'éther.

La résine ainsi obtenue, privée de tous ses principes volatils, n'a aucune action appréciable sur le cerveau. C'est donc la réunion de la cannabine et du cannabène qui a une action sur le cerveau.

Je crois qu'on ne connaît guère en Europe la manière dont les Orientaux préparent le haschich dans le but de l'ingérer.

EFFETS PHYSIOLOGIQUES ET PATHOLOGIQUES

1. — *Effets Physiologiques.*

En Egypte, beaucoup d'indigènes s'adonnent au haschich comme chez nous à l'alcool, par simple jouissance : les uns fument, les autres mangent cette substance, et suivant le genre de consommation, le haschichin éprouve des malaises et des maladies différents.

Ainsi le fumeur à jeun est, comme l'alcoolique et le morphinomane, sans force, sans énergie, sans ressort; il lui faut absorber du poison pour remonter son organisme, sa *bête*. Sa passion le conduit à deux formes d'aliénation, toutes deux incurables : la mélancolie chronique généralement sans délire, et la démence apathique ; le fumeur est là posé sur son siège, sur son divan, comme une masse inerte. Si on met le fumeur dans l'impossibilité de satisfaire sa violente passion, il se guérit bien des troubles physiques qu'il éprouve, mais jamais des troubles mentaux ; du reste le fumeur de haschich, dort bien, n'a pas d'hallucination, les fonctions végétatives de son existence s'accomplissent ordinairement d'une manière tout à fait normale.

L'état du mangeur est beaucoup plus grave ; chaque fois qu'il absorbe sa drogue, il passe par une véritable ivresse hallucinative, souvent très violente qui aboutit bientôt à la démence, à la folie.

Comment agit le poison ? Cette question serait beaucoup trop longue à discuter, nous renvoyons ceux de nos lecteurs qui voudraient l'étudier à des ouvrages de médecine (1) et nous dirons qu'on croit généralement que le poison agit sur les cellules de la couche corticale.

Quant à ses effets pathologiques, nous les

---

(1) Cf. les travaux du D^r italien Bruno Battaglia.

étudierons avec l'aide du célèbre aliéniste le docteur Moreau (de Tours).

2. — *Effets pathologiques.*

Le Dr Moreau nous dit (1) qu'en ce qui concerne ses effets pathologiques « le haschich ne fait point exception aux autres substances végétales dont l'action se porte spécialement sur le système nerveux. L'abus du haschich, en ébranlant fortement l'organe intellectuel, en exagérant son action, en exaltant la sensibilité générale au point de jeter l'individu qui est soumis à son influence dans un monde tout imaginaire, en transformant, en quelque sorte, ses perceptions, ses sensations et jusqu'à ses instincts, sans' toutefois, chose remarquable, obscurcir jamais assez sa conscience, son *moi*, pour l'empêcher de juger et d'apprécier sainement la situation nouvelle dans laquelle il se trouve, l'abus du haschich, dis-je, peut à la longue amener des désordres d'autant plus graves, qu'il ne semblerait briser les ressorts de la machine *psycho-cérébrale* qu'à force de la tendre ».

(1) *Recherches sur les aliénés en Orient.*

Certains médecins prétendent cependant, que le vin et les liqueurs, les alcools en général, l'absinthe, la morphine et l'éther en particulier, sont bien plus redoutables que l'usage du haschich. L'abus seul de celui-ci pendant de longues années peut amener les désordres suivants.

Le haschichin, en arabe *haschach*, éprouve par un long abus un état constant de somnolence, d'hébétude, d'engourdissement des facultés intellectuelles, dans lequel disparaît la spontanéité des actes : faculté de penser, de vouloir, de se déterminer, etc., etc.

Ces anomalies de l'esprit et du sentiment, ces *anomalies psychiques*, pourrions-nous dire, se traduisent en dehors sur le visage et la physionomie par des traits mous, flasques, sans expression, abattus ; par des lèvres pendantes, des yeux ternes et languissants, roulant, incertains, dans leurs orbites, ou souvent d'une fixité automatique, les yeux bêtes des figures de cire.

Quant à l'allure de l'haschichin, elle est molle, lente, sans énergie aucune.

En Égypte où l'on consomme pas mal de haschich, il n'est pas plus dangereux que le vin et l'alcool en Europe.

CHAPITRE XX

OCCULTISME, MAGIE, INITIATION

*Vita brevis, ars longa, occasio præceps, ex-
perimentum periculosum, judicium difficile ;*
ce qui veut dire : La vie est courte, l'art est
long, l'occasion passe vite, l'épreuve est trom-
peuse, le jugement difficile.

Ainsi débutent les aphorismes d'Hippocrate ;
ces paroles peuvent surtout s'appliquer à l'occultisme, car c'est une science longue à ap-
·· ········· ·· ·· ···· ·· ·· ·· ···· ·· ····
pour la connaître, enfin, si l'on ne saisit pas
l'occasion, les épreuves en sont trompeuses
et le jugement difficile.

Aussi nous n'avons nullement la prétention
dans un court chapitre de traiter de l'occultisme, car il faudrait consacrer à cette vaste

étude plusieurs volumes; ajoutons qu'il existe
sur ce sujet de nombreux travaux que le lecteur pourra consulter, notamment les œuvres
de Paracelse, d'Eliphas Lévi, de Frantz Hartmann, de Carl, du Prël, de Stanislas de Guaïta
de Papus, de Péladan, de Barlet, de Guymiot,
de Pascal, d'Amaravella, de Sinett et d'autres
encore. Nous ne voulons, du reste, en dire ici
que quelques mots, et constater que la science
occulte est celle qui s'occupe le plus directement de psychologie.

Et tout d'abord nous devons définir l'OCCUL-
TISME.

Pour la foule ignorante, ce mot suggère généralement à l'esprit des idées de sorcellerie,
de nécromancie, de diables, de fantômes et
autres phénomènes extraordinaires plus terribles les uns que les autres, mais tous, quels
qu'ils soient, interdits par les religions.

Ceci dit, s'il nous fallait maintenant définir
d'un seul mot l'OCCULTISME, nous dirions que
ce terme sert à désigner ce qui n'est pas
connu, ce qui est caché par conséquent à la
foule. Pour l'ignorant, la chimie, la physique, l'astronomie, les mathématiques, les
sciences en un mot seraient de l'occultisme.
Aussi, chaque fois qu'un homme fait un pas
dans la voie du progrès, il diminue le domaine

de l'occulte. L'étude de la science serait donc
le but de l'occultisme. Ceci est très vrai, mais
ce terme a encore une bien plus haute signification; il désigne en effet, l'étude de phénomènes qui ne peuvent être perçus par nos
sens physiques, mais qui sont compris et in-
terprétés par nos sens intellectuels, notre *sens
intime*, ce que Paracelse nomme notre sixième
principe. (Voir ci-dessus, page 8 et 9.) Ceci
veut dire, dans un autre langage, que la
science occulte enseigne non ce que paraît
être la nature, mais ce qu'elle est en réalité.

De toutes les études soumises à la curiosité
humaine, celle de l'homme est de beaucoup la
plus importante, nous pourrions même dire la
plus intéressante. Malheureusement, dans la
vie réelle, dans les Ecoles scientifiques, on
n'étudie que la forme extérieure de l'homme,
c'est-à-dire son corps (la *bête humaine*); mais
on ne s'occupe nullement de son caractère
réel, de son *Ego* ou Moi véritable. Or l'occultisme pratique a pour but d'apprendre à connaître cet *ego*, à développer ses pouvoirs, d'où
cet aphorisme de l'antiquité : « Connais-toi,
toi-même ».

En effet, en poursuivant cette tâche de se
connaître, l'homme se perfectionne de plus en
plus ; il affine ses sens.

L'occultisme est la science qui indique la voie par laquelle on peut atteindre à la perfection la plus élevée dans cette vie.

Par les quelques lignes qui précèdent, on voit que toutes les matières traitées dans ce livre se rapportent en réalité, sans en avoir l'air, à l'occultisme.

Aujourd'hui, l'occulte est de mode ; on ne l'étudie pas encore pour lui-même, mais par genre ; il y a en ce moment quantité de braves gens qui pataugent dans cette vaste science, comme dans un vaste marais, parce qu'elle est en effet un mystère bien difficile à comprendre pour bien des intelligences, mal préparées à cette étude.

Les spirites sont les premiers en France qui aient étudié l'occulte ; mais à peu d'exceptions près, ils se sont toujours tenus sur le seuil du Temple, et n'ont jamais pu, ou du moins osé y pénétrer.

Les évocations leur suffisent, soit ; nous n'insisterons pas sur ce sujet, car le véritable occultiste doit être essentiellement tolérant, c'est là une de ses caractéristiques, aussi nous laissons à chacun sa liberté d'action, et ce n'est pas nous qui nous érigerons en critique ; ou qui, dans cette voie, nous permettrons de faire la leçon à qui que ce soit.

Après les spirites, sont venus les théosophes, qui en France sont fort peu nombreux,
ils ne forment qu'un clan assez restreint et
nous devons avouer qu'ils sont loin de mettre
en pratique les belles théories qu'ils émettent
dans des livres, parfois fort bien faits, rem-
plis d'altruisme, de charité et de véritable
amour du prochain : mais combien loin de la
coupe aux lèvres.

Les théosophes s'estiment bien au-dessus
du vulgaire, ils ont une sainte horreur pour
les spirites, quant aux occultistes, ils ne
reconnaissent pour tels que ceux qui pensent
comme eux et qui épousent leurs idées tout
entières et même leurs petites querelles.

N'est-ce pas amoindrir leur science !

Enfin, il y a une troisième catégorie de
spiritualistes qui étudient l'occultisme ;
parmi ceux-ci, il y a lieu de distinguer les
néophytes ou néo-spiritualistes et les véritables travailleurs. Ces derniers, est-il besoin de
le dire, sont les moins nombreux ; ce sont là
les véritables occultistes ; ils planent un peu au-
dessus des passions humaines, il se moquent
des titres et des hochets, et poursuivent une
tâche singulièrement ardue et difficile, pénible même, ce qui est, du reste, commun à
tous les grands travailleurs de notre époque.

Ceux-ci aperçoivent la *Voie Parfaite* et s'efforcent d'y arriver. Ces occultistes connaissent fort bien l'avertissement que Krishna donne dans le *Baghavad Gîta* à ceux qui étudient l'occultisme dans un but égoïste et personnel, aussi ont-ils toujours présent à l'esprit les paroles que Krishna applique à ces égoïstes : « Induits en erreur par des pensées mondaines, pris dans les filets de l'illusion, voués à la satisfaction de leurs désirs ; ils descendent jusqu'à l'impur NARAKA et delà continuent dans les sphères les plus basses de l'être. »

Aussi le véritable *Adepte* ou *Initié* s'efforce-t-il d'éviter ce danger.

LA MAGIE

On peut considérer la *Magie* comme une science qui traite des pouvoirs mentaux de l'homme ; quand celui-ci emploie ses pouvoirs pour le bien, c'est un *Magicien blanc*, au contraire, le *Magicien noir* est celui qui emploie les mêmes pouvoirs pour faire le mal.

16.

Ainsi donc, toute personne qui a une grande force de volonté, pour si peu qu'elle exerce cette force, est par cela même un *Magicien actif*.

Les éléments qui composent le Mage sont identiques à ceux qui composent l'*Univers*; autrement dit, si l'*Univers* est le Macroscome, l'homme, sa copie parfaite en réduction, est le *Microcosme*.

De tout temps la Magie a été plus ou moins méconnue de la foule, tandis que de rares esprits en faisaient l'objet de leurs études.

Parlant de la Magie, Paracelse la distingue de la *Goëtie* et de la *Sorcellerie*. La première est « la plus grande sagesse et la parfaite connaissance des pouvoirs naturels, » dit-il.

....La Magie est la science qui enseigne la véritable nature intérieure de l'homme, et aussi l'organisation extérieure de son corps. Le superficiel ne saurait comprendre que ce qu'il perçoit par ses sens, le sage (l'homme intérieur) a des facultés perceptives qui dépassent celles du corps...

Si un homme, à l'état éveillé, ne sait rien de ces choses, c'est qu'il ne comprend pas que c'est en lui qu'il doit chercher la puissance que Dieu lui a acccordée, et par laquelle il atteindra la sagesse, la raison et la connaissance de tout ce qui est auprès et loin de lui. »

Pour terminer ces quelques aperçus, nous donnerons ici sur la Magie quelques lignes, d'un maître, du Dr Frantz Hartmann, tirées de l'*Introduction* de son livre célèbre : *Magie blanche* et *Magie noire* :

« Ce mot *Magie*, dans sa véritable et grande signification, veut dire : la science la plus haute, ou la sagesse basée sur la connaissance et l'expérience pratique.

« L'art de la Magie est l'art d'employer d'invisibles forces, soi-disant spirituelles, pour obtenir certains résultats visibles. De telles forces ne sont pas naturellement des entités parcourant ici et là, l'espace vide ; entités toujours prêtes à venir au commandement de quiconque a appris à se servir de certains mots, et à accomplir certaines cérémonies.

« La puissance magique vient principalement des influences invisibles créées par les *émotions*, la volonté, les désirs et les passions les pensées et l'imagination, l'amour, la haine, la crainte, l'espérance, le doute et la foi. — Influences invisibles, produits de tout ce qui nous agite, elles n'en sont pas moins toutes puissantes.

« Ce sont des puissances émanées de ce que nous appelons l'AME.

L'INITIÉ

Pour comprendre et pratiquer l'occultisme et la Magie en connaissance de causes, il faut être *Initié*.

Qu'est-ce que l'INITIÉ ?

Qu'est-ce que l'INITIATION ?

Aujourd'hui, en occultisme, on désigne sous le terme d'*Initié* tout chercheur qui possède les données élémentaires de la science occulte, l'*Initié* est sur la bonne voie pour arriver à devenir *Adepte*, c'est-à-dire à un haut degré d'élévation dans la science occulte.

L'adepte très avancé a le pouvoir de commander aux Élémentals. Il peut, par son pouvoir, rétablir dans le corps humain l'équilibre rompu, régénérer la santé chez un malade ; c'est, on le voit, un véritable Thaumaturge.

Il accomplit tout cela par l'exercice de la

volonté seule, qui met en mouvement le fluide magnétique. — Les Thaumaturges puisent dans la terre chargée de fluide tout le Magnétisme qui leur est nécessaire; car le corps astral, ne l'oublions pas, est le véritable corps de l'homme, le corps physique n'étant qu'une guenille nue, sorte de pardessus de chair qui revêt l'individualité ; on voit donc que le corps physique est tout à fait secondaire.

Pour obtenir le pouvoir de l'adepte, le pouvoir magique, il faut, nous disent les anciens *Mystères*, avoir atteint l'âge de trente-trois ans : ce qui veut dire, en langage symbolique, que l'adepte doit avoir accompli les douze travaux ou labeurs, passé les douze portes (1), avoir vaincu les cinq sens et avoir obtenu la domination sur les quatre esprits des éléments : Eau, Feu, Terre, Air.

L'*Adepte* qui veut devenir *Initié* de haut grade, doit être né immaculé, baptisé par l'eau et le feu ; il doit avoir été tenté dans le désert, crucifié et enterré. Il doit de plus avoir reçu cinq blessures sur la croix et avoir deviné le rébus du Sphinx, c'est-à-dire de l'occulte.

. · (1) En Égypte le 3ᵉ grade de l'*Initié* se nommait : *Porte de la mort.*

Quand il a accompli tout cela, il est suffisamment dégagé de la matière, il n'aura jamais plus de souci de son corps physique, il est débarrassé du lourd et embarrassant fardeau du corps.

Nous avons voulu avoir au sujet de l'*Initiation* quelques renseignements de l'Occulte et voici la communication que nous avons obtenue par un médium : « L'Initiation est absolument identique dans les sanctuaires occultes. *Dans la forme*, les enseignements diffèrent dans les branches originaires de Chaldée, car les astres agissent absolument comme les individus et ils produisent des agrégats charnels à volonté, ayant avec toute production terrestre des vertus puissantes, ils créent avec leur puissance des conditions de vie, d'assimilation nouvelle, par lesquelles ceux qui sont faits adeptes, partagent toutes les chances bonnes ou mauvaises des fraternités. »

Ce texte est un peu amphigourique, nous l'avouons, et pourra ne pas plus satisfaire nos lecteurs, qu'il ne nous a satisfait ; aussi pour terminer ce que nous avons à dire sur l'*Initiation*, nous mentionnerons un terme *Pâli Iddhividhanâna* qui sert à désigner l'*Initiation* aux secrets de la branche scientifique contenue dans les livres sacrés des Bouddhistes, cette citation fera comprendre au lecteur le fond même de l'*Initiation*. Les secrets de la branche scientifique, quand l'homme les possède pleinement, lui donnent des pouvoirs latents en lui, qui lui permettent de produire des phénomènes particuliers dénommés parfois *miracles* dans diverses religions. Ces phénomènes ne se produisent bien souvent que par l'application de certains secrets de la nature ou plutôt de certaines lois inconnues à la généralité des hommes.

Les Bouddhistes emploient deux moyens pour l'obtention de ces phénomènes : l'un nommé *Lankika*, c'est-à-dire l'art de produire des phénomènes à l'aide de drogues, par la récitation de *Mantras* (charmes) etc. ; et l'autre appelé *Lokottara* dans lequel le pouvoir en question est obtenu par le développement méthodique et rationnel de certaines facultés internes.

C'est ce dernier moyen qui est employé par l'*Adepte*, l'*Initié de haut grade*, le *Mage*.

Nous ne saurions terminer ce chapitre sans conseiller à ceux de nos lecteurs qui voudraient s'initier à l'occulte, d'étudier l'ouvrage de M. Papus ayant pour titre : *Traité méthodique de la science occulte*, un volume in-8°, de 1200 pages environ.

CHAPITRE XXI

OCCULTISME, TALISMANS, PANTACLES, SIGNATURES

L'occultisme, nous l'avons vu, est une science des plus intéressantes, aussi regrettons-nous de ne pouvoir en parler plus longtemps à cause du cadre restreint que nous nous sommes imposé pour notre volume. — Mais nous engageons ceux de nos lecteurs qui en ont le loisir à étudier cette vaste science.

En effet, l'homme instruit, de nos jours, peut être considéré comme majeur et se lancer, dès lors, dans cette étude; ce qui nous permet de reproduire ici ce que nous avons dit déjà au chapitre XIV, page 207, à savoir que : « nous faisons partie du groupe occultiste qui veut *désocculter* l'occulte. Nous croyons, à tort ou à raison, mais plutôt à raison, que le moment est venu de révéler certains faits de l'occulte. Cette opinion est partagée par divers occultistes ; » et nous ajoutons ici, notamment par M. Papus, qui, dans le dernier livre qu'il vient de faire paraître a écrit ce qui suit (1) :

« En Occultisme, il y a deux routes à suivre ; on peut se contenter d'assembler ses faits étranges, sans jamais aborder de front les enseignements qui se dégagent de ces faits. C'est là la carrière dite *scientifique*, que nous recommandons particulièrement aux jeunes médecins avides de gros traitements et de fauteuils académiques. On peut aussi remonter à l'origine de ces sciences occultes, étudier les anciens qui connaissaient ces faits, et d'autres analogues, appeler les choses par leur nom, et alors on fait de la magie d'une façon consciente et rationnelle : c'est là la voie des réprouvés, des pestiférés, des maudits.

« Nous ne la recommandons à personne, car elle ne conduit ni à la fortune, ni aux honneurs officiels, et celui qui l'aborde doit, avant d'entreprendre la route, être prêt à supporter les trois grandes expiations initiaques et savoir souffrir, s'abstenir et mourir.

« Mais, quel que soit le sort qui l'attend, le dépositaire de la tradition sacrée ne doit pas faillir à sa mission. Jusqu'à présent, les enseignements de l'ésotérisme ont été renfermés

---

(I) Dans son introduction à la MAGIE PRATIQUE, un volume in-8° de 560 pages, Paris, Chamuel, éditeur, 1893.

au sein des fraternités occultes qui les ont conservés intacts. Le moment est venu de sortir d'une réserve jusqu'ici nécessaire et de réduire à leur juste valeur les pâles copies et les fausses conceptions que des individualités ridicules ou des expérimentateurs ignorants cherchent à répandre dans la foule. Il faut maintenant que l'esprit de liberté soit enfin vainqueur de l'obscurantisme clérical, pour révéler sans crainte les enseignements de la Magie pratique en les adaptant à la science de notre époque. Et que *ceux qui savent* ne s'effrayent point de cette publication, tout cela semblera songes creux ou rêveries d'aliénés à la masse du public, et ceux-là seuls comprendront et agiront qui sont dignes de l'adeptat mystique. Les faits de magie sont dangereux, et, à l'exemple d'un des plus grands maîtres contemporains, Eliphas Lévi, nous prévenons les imprudents qu'ils s'exposent à la folie ou à la mort en poursuivant ces études dans un simple esprit de curiosité. »

Ceci dit, nous allons nous occuper de quelques curiosités de cette science : des signatures, des pantacles, des talismans, etc.

En ce qui concerne ces derniers, Eliphas Lévi, ci-dessus mentionné, nous informe que les talismans sont certainement l'objet du respect des bons esprits, comme les saintes images de la religion vulgaire, mais, ajoute-t-il, « ces esprits ne peuvent en aucune nécessité être enchaînés. Ils ont la puissance que votre volonté leur donne, quand vous êtes vous-même en communication par votre pensée et par vos œuvres avec le cercle des bons esprits. »

Ainsi donc, tout réside dans l'intention et les talismans : amulettes, pantacles n'ont une valeur véritable qu'autant qu'on est persuadé qu'ils possèdent cette valeur, c'est, comme on le voit, sous une autre forme, *la médecine de la foi* si bien décrite et formulée par Paracelse, qui a tant fait pour la médecine.

Et poursuivant son idée, Eliphas Lévi nous dit (1) : « Les talismans ressemblent en cela à la sainte hostie catholique qui est le salut pour les justes et la damnation pour les pécheurs, et qui ainsi, suivant les dispositions de celui qui la reçoit, réalise Dieu ou le diable.

« La consécration du talisman est un pacte que vous faites avec le bien, si votre intention est pure, et avec le mal, si votre intention est mauvaise.

« C'est une mauvaise intention que de vou-

---

(1) *In* Voile d'Isis, n° 116 (10 mai 1893.)

loir acquérir une puissance exceptionnelle qui
vous rende supérieur aux autres hommes
quand même vous ne voudriez user de cette
puissance que pour leur faire du bien, car,
suivant la parole de l'Initiateur des chrétiens,
« celui qui s'exalte sera humilié et celui qui
s'humilie sera exalté. »

« Les médailles bénites et indulgenciées,
ainsi que les scapulaires de l'Église catholique
sont de véritables talismans, et ceux qui les
portent avec confiance en sont fortifiés et se-
courus.

« Les fétiches des nègres sont des talismans
grossiers qui contribuent à les rendre plus
sauvages et plus stupides, parce que leur idéal
est celui de la brutalité. »

En ce qui concerne les pantacles, qu'ils
soient en métal ou en parchemin, chargés ou
non de figures plus ou moins bizarres, ils
n'ont par eux-mêmes aucune valeur ; mais
c'est la vertu qu'on leur attribue qui les rend
bons et utiles et fait leur force ; il en est tout
autrement des pierres précieuses, qui ont par
elles-mêmes des vertus particulières, soit par
leur couleur, soit par l'influence de l'astre
dont elles tirent des vertus.

Nous venons de dire que les astres influen-
cent d'une façon toute particulière les pierres

précieuses, mais les hommes sont également influencés par les astres, la science hindoue, la science égyptienne connaissaient parfaitement les influences astrales. Donc en occultisme, il faut reconnaître que l'Astrologie est une science véritable et ne pas répéter comme des ignorants « que s'il y avait quelques vérités en astrologie, l'homme ne serait pas libre. »

C'est là une grande erreur, car, dans la troisième centurie des aphorismes du *Démostérion* de Roch le Baillif, nous lisons: « Le sage peut dominer les astres, se soustraire à une influence et se soumettre à celle de son choix. — *Vir sapiens dominabitur astris, non aliter quam ut ab influentiâ sub aliam recedat.* »

Occupons-nous de ce que l'on nomme : *Les Signatures.* — Commençons par l'avis de Paracelse.

Parmi les cent-six œuvres du fécond écrivain, beaucoup sont en latin ; d'autres en allemand presque inintelligible, à cause de la terminologie brillante et colorée de l'auteur ; d'autres, enfin, n'existent qu'à l'état de manuscrits.

Dans une partie de ses œuvres médicales, Paralcelse émet cette théorie que chaque forme naturelle est, pour ainsi dire, l'expression du pouvoir intérieur de cette forme. Il y a, disent les Sages, une sorte d'alphabet na-

turel avec lequel la nature semble s'entendre.
Aussi les secrets invisibles de la nature peuvent être dévoilés à l'aide de cet alphabet et
en utilisent une force corrélative correspon-
dante, on peut mettre en jeu l'aspect dynamique de cet alphabet naturel. Alors les lettres
peuvent former des mots et les mots des phrases
qui nous font connaître les vérités supérieures.

Et Paracelce ajoute alors : « L'âme ne perçoit pas la construction extérieure ou intérieure des herbes, des arbres et des arbustes,
mais elle sent intuitivement leurs puissances
et leurs vertus, et les reconnaît de suite à
leur *signature*.

Cette signature *(signatum)* est une dose
d'activité organique vitale, qui imprime à chaque objet naturel une certaine ressemblance
avec une condition spéciale provenant de la
maladie ; cette signature est souvent expri-
mée et visible à l'œil dans la forme extérieure
des objets.

Donc, si on observait bien cette forme, on
pourrait apprendre quelque chose des qualités intérieures de la plante, et cela sans
avoir recours à notre vue intérieure.

Alors le grand alchimiste nous dit : « Tant
que l'homme resta dans l'état de nature, il put
reconnaître les signatures des choses et con-

naître ainsi leurs véritables propriétés ; mais
à mesure que son esprit se laissa captiver par
les apparences illusoires et extérieures, il per-
dit ce pouvoir.

« Il n'y a rien de mort dans la nature, ajoute
Paracelse ; il n'y a rien de matériel qui ne possède une âme cachée en soi. » Donc, pour le
grand alchimiste, mourir n'était que changer
de forme ou substituer une sphère d'existence
à une autre.

« La vie est un principe universel, omnipo-
tent, et rien n'est sans vie. »

Il ajoutait (nous résumons), chaque élément
a ses existences vivantes spéciales, ce sont les
esprits élémentaires de la nature, ils ne sauraient manifester une activité spirituelle plus
élevée, mais, en dehors de cela, ils vivent à la
manière des animaux ou bien encore des humains ; ils propagent leurs espèces.

« Quelques-uns parmi eux connaissent tous
les mystères des éléments. »

Paracelse nous dit encore que la matière et
l'esprit sont reliés par un principe intermédiaire qui vient « de l'esprit central », ce principe est le corps astral des minéraux, des
plantes, des animaux et des hommes. Cet élément intermédiaire réunit « chaque être vivant
au Macrocosme. »

« Toutes choses sont *une*, et les différences qui existent entre deux choses dissemblables viennent seulement de la différence des formes sous lesquelles l'essence primordiale (le fluide astral) manifeste son activité. »

Roch le Baillif dont nous venons de parler, juge également, dans son *Démostérion*, des corps par leurs propriétés extérieures, par leurs *signatures*, et en cela, il se rapproche de la théorie que nous donnera plus tard Louis Lucas : « L'odeur d'une chose et de chaque chose est son âme et son esprit. Et la teinture de chaque chose est un corps pur en lequel l'âme réside..... La vertu de la médecine consiste en la dose des réceptes et la vertu de toutes choses est tenue en la couleur..... autant de fois que par l'alchimie, la couleur des choses est muée, autant de fois elle change de vertus ».

Où ce dernier fait se trouve bien réalisé, c'est dans le phosphore, qui, suivant l'état et par suite la couleur qu'il revêt, a des propriétés toutes différentes ; et combien d'autres corps, que nous ne connaissons point, qui doivent avoir également des propriétés différentes, suivant leur état et leurs couleurs divers.

CONCLUSION

Je ne parle pas de choses fictives,
mais de ce qui est certain et par-
faitement vrai.

HERMÈS TRISMÉGISTE.

Les Hindous disent avec raison que l'inaction est le suicide intellectuel.

Rien n'est plus vrai. Or si le suicide du corps physique est le plus grand des crimes, le suicide intellectuel serait sans contredit pour l'individu le plus grand des malheurs et pourrait avoir pour lui des conséquences terribles, imprévues, désastreuses.

C'est pourquoi, l'homme doit toujours cultiver avec le plus grand soin son intelligence ; c'est, du reste, le meilleur moyen à employer pour se connaître soi-même, ce qui doit être, nous venons de le dire, le but principal de la vie humaine.

Voilà pourquoi la Psychologie ou étude de l'âme doit être une des plus graves préoccupations de l'homme désireux de progresser.

L'étude que nous venons de soumettre au

17.

lecteur n'est pas, tant s'en faut, complète ;
pour un sujet aussi vaste que la *Psychologie*,
il aurait fallu écrire plusieurs volumes ; or
aujourd'hui les ouvrages de longue haleine
sont peu recherchés, c'est pourquoi nous nous
sommes contenté de faire un résumé succinct
de la science moderne sur la psychologie ;
mais tout résumé que soit notre travail, il
constitue cependant un guide sûr, pratique,
explicatif et parfaitement intelligible, sur des
questions qui ont été généralement laissées
fort obscures avant nous.

Notre livre n'est pas écrit pour le philo-
phe et le profond penseur, mais pour tous
ceux qui veulent réfléchir sur les destinées
de l'homme.

Notre œuvre, nous venons de le dire, est
un guide sûr, mais c'est aussi un manuel complet sur des questions absolument controver-
sées pour la plupart, et qui ont fourni matière
à de longues et graves discussions.

Qu'est-ce que l'Od, qu'est-ce que le Fluide
Odique, que la Polarité animale, que le Magnétisme, que l'Hypnotisme, que l'Hypnose et
ses divers états ?

Qu'est-ce que le Fluide Astral, qu'est-ce que
la Télépathie, le Spiritisme, l'Obsession, la
Possession, la Substitution ?

Que sont donc ces Matérialisations d'esprits, dont tout le monde parle et que si peu ont vues ?

Qu'est-ce que l'Extériorisation de l'individu ; enfin, qu'est-ce que l'Occultisme, la Magie, et les Mages ?

Telles sont aujourd'hui les questions que tous les penseurs se posent et qu'un esprit quelque peu cultivé doit connaître à notre époque, s'il ne veut par rester en arrière du mouvement intellectuel contemporain.

Or, toutes ces questions ont une réponse dans notre œuvre, une réponse sérieuse et sûre, qu'on peut considérer comme la vraie, la seule vraie, pouvons-nous dire, car dans le livre que vient d'étudier le lecteur, nous n'avons pas seulement formulé des idées et des sentiments personnels sur les matières traitées, mais nous avons étudié avec la science et les savants les plus compétents de toutes les époques, et c'est là ce qui fait la force, la valeur de notre étude. Elle n'est, pour ainsi dire, que l'œuvre d'une collectivité. En effet, nous avons étudié l'Od et le fluide Odique avec Reichenbach ; la Polarité avec Mesmer, Chazarin et Dècle ; le Magnétisme avec Mesmer, l'abbé Faria, La Fontaine, Braid, du Potet et d'autres encore ; l'hypnotisme avec les maîtres contem-

porains, l'hypnose et ses divers états avec de
Rochas ; le fluide astral avec d'excellents
médiums, le spiritisme avec W. Crookes,
Chiaia, Lombroso pour la partie expérimentale, après avoir rapidement parcouru la théorie avec Allan-Kardec et ses disciples.

Enfin, pour ce qui concerne l'Occultisme et
la Magie proprement dits, qui sont une seule
et même science, nous les avons à peine effleu-
rés dans notre livre et nous avons conseillé à
nos lecteurs d'apprendre cette grande science
occulte avec les maîtres, qui nous ont donné
des études profondes et qui se nomment,
comme nous l'avons dit dans le chapitre XX et
avant-dernier: Paracelse, Eliphas Lévi, Franz,
Hartmann, Carl du Prël, Stanislas de Guaïta,
Albert Jouhney, Papus, Péladan, Barlet, Guymiot, Pascal, Amaravella, Sinnett et d'autres
encore (1). Et tous les travaux de ces auteurs
éminents ont été contrôlés par des expériences personnelles qui n'ont pas duré moins de
trente ans ; aussi pouvons-nous affirmer que
tout ce que contient notre livre est absolu-

---

(1) Nous avons étudié l'*Occultisme Egyptien* dans ISIS
DÉVOILÉE, 1 vol. in-8º Chamuel, éditeur, et l'*Occultisme*
Hindou, en partie du moins, dans ADDHA-NARI, ou
l'*Occultisme* dans l'Inde antique, 1 vol. in-8 avec 1 pl.
en couleur, 2ª édition, Paris Chamuel.

ment vrai, incontestable et certain, malgré les
phénomènes extraordinaires, que nous rela-
tons et qui peuvent surprendre quelque peu le
lecteur qui n'est ni adepte, ni initié de l'occulte.

Le livre que nous présentons aujourd'hui à
nos lecteurs, nous aurions pu l'écrire il y a
déjà vingt ans ; mais certainement, alors, on
nous aurait traité de fou, et après avoir parcouru quelques chapitres, le lecteur aurait
mis le livre de côté.

Aujourd'hui, les forces subtiles de la nature
ont été étudiées par des hommes de très
grande valeur qui ont affirmé que la force
psychique, que la télépathie, que le magnétisme, que l'hypnotisme, que le transfert, les
matérialisations, que toutes ces choses sont
vraies, réelles et existent. Et les savants les
plus éminents peuvent dire de tous ces phénomènes ce que l'honorable M. W. Crookes a
dit du Psychisme : « Je ne dis pas que cela peut
être ; je dis que cela est. » Les ayant vus, de
ses propres yeux vus ; du reste si l'on peut
tromper et illusionner les sens de l'homme,
on ne saurait agir de même sur des appareils
mécaniques, sur des appareils enregistreurs.

Ainsi donc l'homme a tort de nier *a priori*
ce qu'il n'a jamais vu, ce qu'il ne comprend
pas et qu'il voit pour la première fois. Il

devrait savoir que l'impossibilité de la veille devient la réalité du lendemain, c'est là un fait constaté par l'histoire du progrès humain.

Que de faits scientifiques connus des anciens, puis oubliés, ont été retrouvés dans ces temps modernes ; leur nombre est considérable.

Or, pour s'assurer de l'objectivité de la force psychique, M. Crookes fit enregistrer un grand nombre de phénomènes par un curseur appliqué sur un cylindre de métal noirci au noir de fumée (appareil Marey).

L'hallucination du sens du toucher est donc, ici, tout à fait inadmissible.

Quant aux phénomènes de matérialisations, le savant anglais les a constatés pendant deux années consécutives, et jusqu'à trois fois par semaine dans son propre laboratoire.

Il s'est servi des divers moyens de contrôle dont dispose la science la plus rigoureuse, et qui écarte toute espèce de fraude ou d'hallucination des sens : balances, enregistreurs, appareils photographiques. En outre toutes ces expériences ont été pratiquées devant des témoins aussi nombreux que variés (1).

---

(1) Cf. *William Crookes* : Force Psychique, 1 vol. in-8. Paris, 1887 ou 1888.

Au lieu de nier ce que l'on ne comprend pas, ce qui est commode et très aisé, il vaudrait bien mieux étudier les phénomènes spirites dénommés aujourd'hui *psychiques*. Si l'homme peut se tromper, peut devenir le jouet d'une hallucination, rien n'est plus facile que de remplacer les organes humains, comme l'a fait W. Crookes, par des machines, qui, elles, ne sauraient se tromper. On remplace les mauvais yeux de l'homme par des appareils photographiques et les mains par des appareils enregistreurs mus par un mouvement d'horlogerie, or les travaux de ces appareils constatent fort bien les phénomènes produits.

Et du reste, peut-on tromper des hommes et des observateurs profonds, de vrais savants, tels que W. Crookes, de la société royale de Londres, les savants italiens Lombroso et Chiaia, le savant Russe Aksakoff, d'autant que ces hommes éminents ne travaillent pas comme des prestidigitateurs pour faire de l'argent, mais pour le compte de la science et du progrès, pour leur compte personnel.

Est-ce que le magnétisme n'était pas connu dès la plus haute antiquité, nous l'avons déjà dit plus haut, page 87, en mentionnant l'AVESTA. Et dans ces temps modernes, un médecin du XVIᵉ siècle, Prosper Alpinus, ne nous apprendt-il pas (1) que : « les frictions médicales (*passes magnétiques*) et les frictions mystérieuses (*impositions des mains*) étaient les remèdes secrets que les prêtres employaient pour traiter les maladies incurables. Après de nombreuses cérémonies, les malades étaient enveloppés dans des peaux de béliers et portés dans le Sanctuaire du temple. Là, le dieu leur apparaissait en songe et leur indiquait le remède qui devait les guérir. Si certains malades ne recevaient pas de communications de la Divinité, des prêtres alors, (les *Onéïropoles*) s'endormaient à leur place et le dieu leur communiquait les remèdes pour le malade en question.

Et malgré cela, le magnétisme était nié il y a quarante ans encore par les médecins.

Et l'hypnotisme, n'était-il pas connu aussi de toute antiquité ?

Et non seulement le magnétisme était connu mais même la polarité, comme le lecteur peut s'en convaincre par les quelques extraits des Mémoires de Mesmer auxquels nous faisons allusion pages 2 et 25 de notre volume.

Voici quelques paragraphes d'un de ses mémoires :

---

(1) *Traité de la médecine des anciens Egyptiens* Liv. I, ch. 31.

1° Il existe une influence naturelle entre les corps célestes, la terre et les corps animaux (c'est littéralement ce qu'a écrit Paracelse);

2° Un fluide universellement répandu et continu de manière à ne souffrir aucun vide, dont la susceptibilité ne permet d'être comparée à quoi que ce soit et qui de sa nature est susceptible de recevoir, de propager et de communiquer toutes les impressions de mouvement, est le moyen de cette influence ;

3° Cette action réciproque est soumise à des lois mécaniques jusqu'ici inconnues ;

4° Il se manifeste particulièrement dans ce corps humain des propriétés analogues à celles de l'aimant ; on y distingue des pôles divers et opposés qui peuvent être communiqués, changés, détruits et renforcés le phénomène même de l'inclinaison de l'aiguille y est observé...

Ajoutons qu'en Allemagne vers la fin du XVIII° siècle, un savant astronome, le P. Hell guérissait les malades par l'aimant, qu'un chanoine de Ratisbonne, de Gossner ou Gessner, guérissait par l'imposition des mains, comme les thaumaturges.

Mais bien longtemps avant Mesmer, est-ce que Pythagore, qui traite assez longuement du magnétisme, ne nous avait pas dit qu'il le tenait des prêtres égyptiens, dont il avait su capter la confiance.

De son côté, Gallien nous parle d'un temple près de Memphis qui avait été célèbre par ses cures magnétiques. Et un vieil adage latin qui date de fort loin ne nous dit-il pas :

« *Ubi dolor*, *ibi digitus* », où est la douleur, les doigts.

Et le père de l'antique médecine, le grand Hippocrate, ne nous dit-il pas au sujet du massage : « Le médecin a besoin de savoir beaucoup de choses, il ne doit pas ignorer, par conséquent, quel avantage, il peut recueillir du massage qui produit des effets tout différents suivant les cas ; car il resserre les articulations trop lâches et relâche les articulations trop tendues. — J'exposerai du reste, dans un traité la méthode et son utilité.

Ce traité a-t-il été fait, et s'est-il perdu ? Nous l'ignorons ; mais ce que nous savons bien, c'est que, malheureusement, il ne nous est pas parvenu de traité du grand médecin à ce sujet.

En 1569, Cœlius Aurélianus ne décrit-il pas la guérison des maladies au moyen de manipulations « conduisant les mains des parties supérieures aux parties inférieures ». Enfin, Paracelse et Van-Helmont connurent l'un et l'autre le magnétisme; car ils avaient foi dans la puissance des mains pour guérir.

Et tout cela n'empêcha pas l'Académie Royale de Paris de déposer un rapport défavorable contre l'œuvre de Mesmer. Aussi celui-ci découragé et abreuvé de déboires, quitta Paris pour se retirer en Suisse, où il y mourut, mais il fit, du moins, un élève illustre, le D' Jussieu.

L'hypnose, l'extase, la catalepsie, tout cela aussi était connu dans l'antiquité, mais sous d'autres noms. Ce que prouvent les lignes qui précèdent, c'est que Diodore de Sicile nous apprend que bien des siècles avant l'ère vulgaire, les prêtres égyptiens attribuaient à Isis la *clairvoyance* provoquée par la thérapeutique.

Strabon de son côté accordait à Sérapis la même faculté.

Du reste, il est probable que la clairvoyance est aussi ancienne que le monde, puisqu'il a dû se trouver des hommes jouissant de cette faculté, comme semble le prouver l'affirmation suivante du grand alchimiste Cardan, qui dans son ouvrage, *De rerum varietate* (LIVRE VIII. c. 3), prétend posséder trois facultés admirables; la première de passer en extase, au delà de toute sensation, aussi souvent qu'il lui plaît; la seconde, de voir à volonté des objets divers, non avec les yeux corporels, mais avec *les yeux de l'âme*, enfin, les songes étaient pour lui prophétiques.

Cardan était aussi sujet, dans son enfance, aux hallucinations *hypnagogiques*, qui se produisaient à son réveil.

On nomme ainsi des hallucinations qui se produisent chez beaucoup de personnes au moment, où commence le sommeil naturel, ou bien au moment où il finit.

Concluons donc en terminant qu'il ne faut jamais dire : telle chose est impossible ; savons-nous ce que la nature nous tient en réserve ? Une petite découverte en amène d'autres plus considérables ; avant la fabrication de cette matière si légère, si fragile qui paraît de prime abord si futile, le verre, aurait-on jamais pu prévoir les découvertes astronomiques ? Aurait-on pu posséder l'appareil photographique, qui voit et saisit ce que le meilleur œil humain ne saurait voir.

Et le microscope et les admirables travaux qu'il permet ? Pouvaient-on les imaginer avant la découverte de ce verre verdâtre, noir et grossier, aujourd'hui si cristallin ? Comme on voit, les plus petits effets produisent de très grandes causes.

N'a-t-on pas découvert une chose inimaginable, la constitution chimique des astres déclarée absurde par des esprits éminents et cependant l'analyse spectrale nous a révélé cette constitution !

Pourra-t-on jamais établir des communications interastrales ? Pour nous, cela ne fait aucun doute, nous y croyons fermement ; du reste, elles existent, mais nous ne nous en doutons pas encore.

Le progrès est lent, mais sûr ; la science, nous le disons depuis que nous tenons une plume, et nous le disons avec conviction, est encore dans l'enfance ; nous ne savons rien, absolument rien, à côté de ce que l'homme saura dans un siècle. Nous n'en voulons pour preuves que les inventions de ces vingt-cinq dernières années.

La lampe fumeuse à l'huile et la chandelle ont fait place au schiste, puis au pétrole et à la bougie ; ceux-ci ont à leur tour cédé la place au gaz, qui à son tour la cède à l'électricité. Celle-ci remplacera bientôt le charbon et la vapeur ; grâce aux locomotives électriques nous ferons 100 kilomètres et plus à l'heure ; mais aussi, à chaque pas en avant, la responsabilité humaine devient de plus en plus considérable.

Nous trouvons aujourd'hui belle et superbe la lumière électrique, mais qu'était-elle au début ? Un éclairage absolument défectueux.

A son tour l'électricité cèdera sa place au magnétisme ; quand un homme de génie, un Edison par exemple, aura réussi à trouver un isolateur pour le fluide magnétique. Cela ne sera pas facile, car plus on monte dans l'échelle des forces subtiles, plus il est difficile de les capter, de les maîtriser, de les emprisonner ; mais enfin, cela arrivera un jour ; souhaitons que celui-ci soit très prochain !

Mais pour arriver à augmenter le bien-être de l'homme, celui-ci ne doit compter que sur son initiative et pas du tout sur l'ETAT.

En voici une nouvelle preuve.

Nous lisons ce qui suit dans un ouvrage (1).

« En 1836, à Amiens, M. Henry avait établi avec M. Lapostolle, chimiste distingué, une correspondance par des fils électriques. Un choc se produisait-il, par exemple, c'était la lettre A, deux c'était la lettre B, trois la lettre C et ainsi de suite successivement.

M. Henry crut devoir donner connaissance au Gouvernement de cette découverte.

Il écrivit le 8 août 1836 au ministre du commerce et des travaux publics ; celui-ci

---

(1) LEÇONS DE PHRÉNOLOGIE, par don Mariano Cubí et I. Soler, TOME II, page 473, en note.

répondit le 8 octobre de la même année, que « la commission consultative avait décidé que sa découverte ne pouvait avoir d'application en grand. D'après cette décision, il n'y aurait pas lieu de s'occuper plus longtemps du système de télégraphie électrique. »

Est-elle assez jolie cette réponse administrative, et nous nous demandons si les inventeurs eux-mêmes comprenaient toute l'importance de leur découverte ?

Il est donc bien certain que si les inventeurs des merveilleuses découvertes de la fin du XIXe siècle avaient compté sur l'encouragement ou les secours des gouvernements, nous en serions encore à la lampe fumeuse, aux diligences *accélérées*, aux navires à voiles et aux télégraphes à signaux.

Et dans la question sociale, pourquoi tant de misères affligent si fort l'humanité au seuil du XXe siècle, c'est que les nations sont assez naïves d'attendre des gouvernements une répartition plus équitable, des charges et de la fortune publique.

Or, les gouvernements ne sont et ne peuvent être que des pompes aspirantes et nullement des canaux d'irrigation ; aussi la misère s'accroît et les inégalités creusent sans cesse un fossé de plus en plus large entre ceux qui pos-

sèdent et ceux qui n'ont rien. Cette grande
inégalité de fortune entre les citoyens amènera à bref délai des catastrophes inouïes.

Le dernier congrès de Zurich (août 1893) ne
laisse subsister aucun doute dans l'esprit à ce
sujet ; les classes dirigeantes sont bien et
dûment averties ; le socialisme a écrit sur son
drapeau : *Pas de quartier le jour du
triomphe !*

Puissions-nous, après *la liquidation sociale*,
(c'est le terme des socialistes) arriver enfin à
une ère de paix, de charité et d'altruisme, qui
donnera à tous et à chacun, suivant ses mérites,
le bonheur relatif qu'une civilisation digne de
ce nom doit à tous les hommes, frères d'une
même planète.

Ce jour-là, les grandes questions philosophiques pourront être abordées par le plus
grand nombre ; ce jour-là, le matérialisme
néantiste aura vécu, et sur ses ruines large-
ment dispersées, une civilisation spiritualiste
montrera à l'homme ses véritables destinées,
celles pour lesquelles il a été créé, et qui le
mettront dans la *Voie parfaite* qui conduit
au bonheur et fait de l'homme le véritable
Dieu de la création.

TABLE SOMMAIRE ET ANALYTIQUE

DES MATIÈRES CONTENUES DANS CE VOLUME

18

Imp. MAZEREAU. — Tours. — E. SOUDÉE, Successeur.

PRINCIPAUX OUVRAGES
DU MÊME AUTEUR

ARTS

Dictionnaire raisonné d'architecture et des sciences et arts qui s'y rattachent. — 4 vol. gr. in-8º jésus d'environ 550 à 600 pages chacun, et contenant environ 4,000 bois dans le texte, 60 gravures à part et 40 chromolithographies. — Paris, Firmin-Didot et Cⁱᵉ, éditeurs, 1879-1880; 2ᵉ édition, 1882-1883.

Dictionnaire de l'Art, de la Curiosité et du Bibelot. — 1 vol gr. in-8º jésus illustré de 709 gravures intercalées dans le texte, 35 pl. en noir et 4 en couleur, broché. (*Épuisé*).

Traité des Constructions rurales. — 1 vol. in-8º jésus, de XIII-509 pages, accompagné de 576 figures intercalées dans le texte ou hors texte. Paris, Vve A. Morel et Cie, éditeurs, 1875.

Des Concours pour les monuments publics. — Brochure in-8º. Paris. Jouaust.

Les Ivoires. — Brochure in-16 illustrée de 23 bois dans le texte. Paris, Librairie de l'Art.

SCIENCES

Dictionnaire général de l'Archéologie et des Antiquités chez les divers peuples. — 1 vol. in-8º de VIII-576 pages, illustré de 450 gravures sur bois. — Paris. Firmin-Didot et Cⁱᵉ, éditeurs. 1881.

Traité complet de la Tourbe. — 1 vol. in-8º avec figures. — Paris, J. Baudry, éditeur, 1870.

Traité complet théorique et pratique du Chauffage et de la Ventilation des habitations privées, et des édifices publics. — 1 vol. in-8º jésus, de 562 pages, avec 250 figures intercalées dans le texte. — Paris, Vve A. Morel et Cⁱᵉ, éditeurs, 1875.

Etudes sur les Chaussées dans les grandes villes. — Brochure in-8º. Paris, J Baudry, éditeur, 1874. (*Epuisé.*)

**Du Chauffage en général et plus particuliè-
rement du Chauffage à la vapeur et au
gaz hydrogène.** — Conférence faite à la Société
centrale des Architectes, le 20 janvier 1875. Brochures in-8°. Paris, Vve A. Morel et Cie, éditeurs,
1875. (*Épuisée.*)

Etudes sur les Hôpitaux et les Ambulances
— Brochure in-8° avec figures. Paris, Vve A. Morel
et Cie éditeurs. 1876 (*Épuisé.*)

**Aérage et assainissement des grandes
villes.** — Brochure in-8°, avec figures. Paris, Vve
A. Morel et Cie, éditeurs, 1876. (*Epuisé.*)

**Dictionnaire d'Orientalisme, d'Occultisme
et de Psychologie.** (*En préparation.*)

HISTOIRE

**Histoire nationale des Gaulois sous Ver-
cingétorix.** — 1 vol. in-8° illustré de nombreuses
vignettes. Paris, Firmin-Didot et Cie, éditeurs, 1882.

**Précis Historique de l'Intolérance religieuse
à travers les siècles.** (*En préparation*)

POLITIQUE

**Crise Financière, moyens pratiques de la
conjurer.** — Brochure in-8°. Paris. Genève et
Bruxelles, 1871. (*4me édition.*)

**La République devant le Suffrage Univer-
sel.** — Brochure in-8°. Paris. Genève et Bruxelles,
1871. (*2e édition.*)

Le Suffrage Universel, l'arme à deux tran-
chants. — Brochure in-8°. suivie d'un nouveau mode
électoral. Paris, Genève et Bruxelles. 1871.

PHILOSOPHIE

Isis Dévoilée *ou l'Egyptologie sacrée.* — 1 vol. in-8°
de VI-304 pages avec un portrait de l'auteur. Paris.
Chamuel et Cie. Editeurs,

Addha-Nari *ou l'Occultisme dans l'Inde Antique,*
1 vol, in-8° de XIV-359 pages avec 1 planche en couleurs, 2 vignettes.
1re Édition, librairie Galignani. Paris et Nice.
2e Édition. Chamuel, éditeur Paris.

De la Vivisection, *Etude physiologique, psychologique et philosophique,* 1 vol in-8° (*sous presse.*)

www.ingramcontent.com/pod-product-compliance
Lightning Source LLC
Chambersburg PA
CBHW050503270326
41927CB00009B/1875